CD-ROM付き！

ワークシートでブリーフセラピー

学校ですぐ使える
解決志向＆外在化の発想と技法

黒沢幸子 編著

はじめに

　こんな本が、本当にあったらいいな！
　「解決志向ブリーフセラピー」と「問題の外在化」の発想や技法は、子どもたちや学校のもつ力を引き出し、一人ひとりを尊重し肯定しながら、その強みに焦点を当て、望んでいる解決や未来の姿を実現させる「生きた道具」です。教育相談や学級経営、教職員研修会、スクールカウンセリング活動、保護者対応……。学校のあらゆる場面に活かすことのできる、使い勝手のよい、学校現場に欠かすことのできない、学校を元気にするメソッドです。多くの教職員やカウンセラーの方々が長年にわたり実践されてきましたが、さらに一人でも多くの方々に、手軽に実践してもらいたい。その思いはますます強くなっています。
　「解決志向ブリーフセラピー」や「問題の外在化」の発想や技法が、さらに使いやすく、学校場面に合ったワークシートになっていたら、どんなにいいだろう？
　実際に、担任として、養護教諭として、指導主事として、スクールカウンセラーとして、私自身も含め自分の実践場面で開発し利用しているワークシートを、お互いに共有できたら、どんなにいいだろう？
　薄くて邪魔にならず、持ち運びに便利で、そのうえCD-ROMの中にワークシートのデータが入っていて、自校の状況に合わせてちょこっとアレンジできるような本があったら、どんなにいいだろう？
　これらの思いは、今回の執筆者の先生方や、ほんの森出版の編集者の小林さんの思いと重なり、それが"良循環"し、本書が生まれたのです。

　本書は2部構成になっています。Part 1は、「1時間で理解するブリーフセラピーの基礎・基本」です。ブリーフセラピーの発想やスタンスを知っていただいたうえで、それを具現化するための技法を理解していただければと、心を込めて書かせていただきました。
　Part 2は、「やってみよう！　ワークシートでブリーフセラピー」です。各先生方が開発してきたワークシートやカードなどを解説とともにご紹介します。本書の紙数は限られていますので、CD-ROMのほうに記入例や応用編のワークシートなどが入っています。ワークシートはアレンジしていただいて結構ですし、とにかく、使ってみてください。
　手前味噌ですが、こんな本がずっと欲しかった！

2012年5月　　　　　　　　　　　　　　　　　　　　　　　編者者　黒沢幸子

ワークシートでブリーフセラピー
学校ですぐ使える解決志向＆外在化の発想と技法　contents

はじめに … 3

Part 1　1時間で理解するブリーフセラピーの基礎・基本　黒沢幸子

ブリーフセラピーの姿勢〜楽して結果を出し、元気になる！〜 … 8
解決志向ブリーフセラピーの中心哲学〜3つのルールで、人生をハッピーに！〜 … 10
解決志向ブリーフセラピーの、ものの見方・考え方 … 12
　　発想の前提＜その1＞「変化」について … 12
　　発想の前提＜その2＞「解決」について … 14
　　発想の前提＜その3＞「リソース」について … 16
例外（うまくいっていること）に注目！ … 18
成功の責任追及＆コンプリメント … 19
解決像・未来像を描く〜ミラクル・クエスチョン＆タイムマシン・クエスチョン〜 … 20
万能の物差し〜スケーリング・クエスチョン〜 … 21
具体的なアクションを起こす〜機能する目標づくりの3条件とプリテンド・ミラクル・ハプンドの提案〜 … 22
問題の外在化〜ユーモアをもって、問題に対処！〜 … 23

Part 2　やってみよう！ ワークシートでブリーフセラピー

◎リソース探し

リソース・マップを描こう！〜目標を実現する自分地図〜　黒沢幸子 … 26
やってみよう！"ほめほめ面接"　玉木　敦 … 28
心の種を咲かせよう　八幡睦実 … 30

◎未来像・解決像の構築

最高の1日〜ミラクル・クエスチョン天使バージョン〜　黒沢幸子 … 32
分身1号のシナリオ〜自分がなりたいキャラで1日を過ごす〜　黒沢幸子 … 34
未来の自分と対話しよう〜タイムマシン・クエスチョン〜　疋津信一 … 36
解決の知恵袋〜ピア・サポートによる解決志向紙上相談〜　黒沢幸子 … 38
解決の井戸端会議に聞き耳を立てる！〜リフレクティング・チーム〜　丹治静子 … 40

◉ 問題の外在化
○○虫をやっつけよう！〜問題の外在化で一人一人の頑張りを認め合う〜　渡辺奈津 … 42
君は名探偵！〜子どもとともに戦略を練る〜　長野　実 … 44
わたしの天使＆悪魔〜客観的に楽しみながら自己内省〜　平井妙子 … 46

◉ スケーリング・クエスチョン
今、何点？〜よいところ見つけのスケーリング・クエスチョン〜　玉木　敦 … 48
今日のわたしは何点かな？〜学習履歴図〜　鈴木明美 … 50
エナジーチャート　八幡睦実 … 52

◉ コンプリメント
ハッピーレターアルバム〜自己肯定感や元気度を高めよう〜　淺原雅恵 … 54
ハートゲット〜友だち大作戦〜　淺原雅恵 … 56
コンプリメントシャワー　八幡睦実 … 58

◉ 校内研修
「例外」の集団観察〜状況観察表と行動傾向集約表を使って〜　黒沢幸子 … 60
解決志向支援会議のすすめ〜解決づくりシートを使って〜　玉木　敦 … 62
リソースを活かした事例検討〜協働的なチーム支援のために〜　能戸威久子 … 64

◉ その他、おすすめシート＆カード！
ミニ・カウンセリングシート〜いろんなことを整理しよう！〜　猪井淑子 … 66
カードを引いて答えて、ソリューション〜ソリューション・カード〜　半田一郎 … 68
カードを引いて、そいつを見つけよう〜外在化カード〜　半田一郎 … 71
解決を導くコンサルテーション〜学校コンサルテーション11ステップ・モデル〜　黒沢幸子 … 74

おわりに … 78　　参考文献 … 78
編著者紹介・分担執筆者一覧 … 79

装丁・イラスト　岡本愛子

Part 1

1時間で理解する ブリーフセラピーの基礎・基本

黒沢幸子

ブリーフセラピーの姿勢
～楽して結果を出し、元気になる！～

ブリーフセラピーの特徴って？

　ブリーフセラピーは、**よい成果を負担が少なく早く出せる実践方法**です。よい成果を負担が少なく早く出せればどうなりますか？　お互いが元気になれますね！
　楽して結果を出し、元気になれる実践方法──それがブリーフセラピーです。
　ブリーフセラピーでは、理屈がどうであるかよりも、**現場で役に立つこと**を最重視しています。ですから、学校現場でブリーフセラピーを活かさない手はありません。

そもそも、ブリーフセラピーって、なあに？

　ブリーフセラピーを直訳すれば、「ブリーフ」は「短期」、「セラピー」は「療法」です。これを意訳すれば、「短期に効果が上がる援助方法」となります。
　つまり、ブリーフセラピーとは、**効果的**（十分な成果が得られる）、**効率的**（時間や労力などの負担がより少なくてすむ）であり、その結果、**短期**に（時間、期間、回数などが短く）解決や成果が得られる**援助実践の方法論**というわけです。

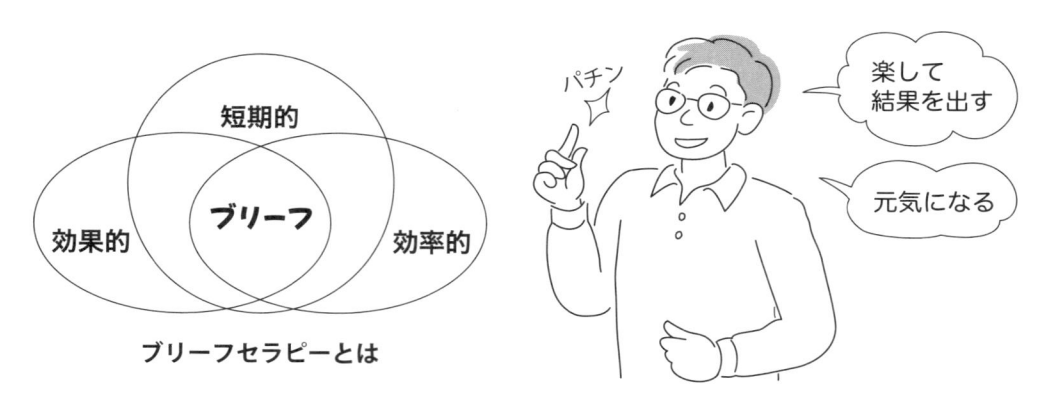

ブリーフセラピーとは

源流は、"なんでもあり" のブッ飛び天才精神科医

　ブリーフセラピーは、正確に言うと、天才的な治療を行い、人間の変化の可能性を示し続けた、稀代の精神科医ミルトン・エリクソンの臨床実践を源流とする一群の心理療法を指します。
　このエリクソン先生は、"なんでもあり" で、常識がブッ飛ぶようなやり方もいとわず、相手をやる気にさせ、自ら変化を起こさせる達人でした。それなのに、理論は残さなかったのです。要するに名人芸ですね。
　ブリーフセラピーは、エリクソン先生の芸の謎をなんとか解き明かし、人々のより

よい変化や成長に役立つ実用的な方法論を見出そうとした**智恵の結晶**なのです。

よりよい変化への飽くなき技術開発

私たちの社会ではよい製品をつくるために、開発競争にしのぎを削っています。例えば車なら、ハイブリッドカーをはじめ様々なエコカーが次々登場しています。

援助実践も、**ニーズや目標に見合った、効果が高くて負担の少ない、誰にでも使いやすい方法**が求められます。学校現場なら、なおさらそれが必要でしょう。

ブリーフセラピーは、その技術開発にずっと力を注いできたわけです（エヘン！）。その結果、ブリーフセラピーにはいくつかのモデルがあります。

解決志向ブリーフセラピーの登場

いくつかのブリーフセラピーのなかでも、世界中の幅広い領域で支持され、もっとも利用しやすく人気があるのが、解決をダイレクトに目指す**解決志向ブリーフセラピー**（Solution Focused Brief Therapy：ＳＦＢＴ）です。いまでは、ブリーフセラピーの代名詞となっています。

解決志向ブリーフセラピーは、米国のインスー・キム・バーグとスティーブ・ディ・シェイザーによって、1980年代後半頃から提唱されたモデルです。ソリューション・フォーカスト・アプローチ（ＳＦＡ）、あるいはソリューション・ビルディング・アプローチ（ＳＢＡ）と呼ばれたり、単に「ソリューション」「解決志向」と略して呼ばれたりします。

シンプル・安全・実用的！

解決志向ブリーフセラピーは、**問題よりも、人々のもつ肯定的な側面に焦点を当て、そうなりたい自分（解決の姿）を実現させていく**ものです。とてもシンプルで実用的なモデルであり、誰にでも取り組みやすく、かつ**安全性が高い**のが特徴です。

そのため**広範囲に適用**でき、対象を特に選びません。困難や障害を抱えている人や子どもに対しても、健康でよりよくなりたい人に対しても、集団や組織に対しても適用が可能という、優れモノです。

希望のカウンセリング!?

解決志向ブリーフセラピーでは、解決にあたって、問題にではなく、**可能性のあるところ、少しでも変わりうるところに焦点を当てる**ことを重視します。人々や子どもたちのもつリソース（資源）や強みを見出し、本人が望んでいる未来について話し合い、本人が内外にもっているものを利用して、その未来を実現できるように支援します。従来の、病理や問題点に目を向け、それを治療したり、変化させようとしたりする方法とは、大きく異なります。そのため、**希望のカウンセリングと言われたり、やる気（モティベーション）を促進する面接法と言われたり**もしています。

解決志向ブリーフセラピーの中心哲学
～3つのルールで、人生をハッピーに！～

3つのグランド・ルール（中心哲学）

解決志向ブリーフセラピーのモデルを生んだ飽くなき技術開発は、次の実践哲学の3つのルールに則って行われてきました。**中心哲学**と言われているものです。

中心哲学と言われるものですから、何にでも適用されます。この3つのルールは、カウンセリングにも、その訓練にも、指導にも、また方法論の構築にも、すべてに活かせるものです。

そう、このルールを適用するだけで、もうブリーフセラピー自体が実践できます！まず、このルールを、しっかり頭に入れ、実践に使えるようにしましょう。

3つのグランド・ルール（中心哲学）

ルール1：うまくいっているなら、変えようとするな

ルール2：一度でもうまくいったなら、またそれをせよ

ルール3：うまくいかないなら、何か違うことをせよ

ルール1：うまくいっているなら、変えようとするな

一見、当たり前に思えるようなルールです。うまくいっていること、役に立っていること、結果が出ていることは、変えなくていい、直さなくていい。うまくいっていることを、もっとする、続けることが鉄則です。この鉄則が、解決志向ブリーフセラピーの安全性を高めている理由でもあります。

大切なことは、（悪循環ではなく）**良循環を増幅させる**ことです！

ルール2：一度でもうまくいったなら、またそれをせよ

これは、少し難度が上がります。ルール1のところで述べた"良循環"をつくるためには、ルール2が重要な役目を果たします。少しでもうまくやれていることのほうに目を向け、それをまた行えるようになれば、"良循環"が増幅されます。

ルール2は、解決志向ブリーフセラピーの、重要かつ革新的な概念である「例外」（少しでもよかったとき、問題が起こらないですんだとき、すなわち、すでに起こっている解決の状態の一部）につながるものです。肯定的な側面に焦点を当て、そこを広げていくという解決志向ブリーフセラピーの特徴は、ルール2から導かれています。

ルール3：うまくいかないなら、何か違うことをせよ

これは少し耳が痛いルールかもしれません。うまくいっていないことはわかっているけれど、なかなか変えられない。わかっちゃいるけど、やめられない…。うまくいかないことを続けても、悪循環が繰り返されるだけです。何が正解かを考えるよりも、何か違うことをすること自体が悪循環を断つことになるのです。

ルール3からルール1へ

ルール3：うまくいっていないときには、何でもいいから違うことを試してみる。
↓
ルール2：一度でもうまくいったことがあれば、もう一度それを試してみる。もう一度やってうまくいったなら、さらに繰り返してそれをやってみる。
↓
ルール1：何回やってもうまくいくなら、そのやり方を変えずにもっと続ける。
↓
メソッドやモデルとして定着 ルール1に昇格したやり方は、よいやり方として定着させる価値がある。

これにより、先生方個人の持ち味を活かしたやり方や、学級や学校でうまくいくやり方、その子どもに役立つやり方などを見出していけばいいわけです。**人生をハッピーに生きるためのルール**でもあります。

問題が起こっているときは、ルール違反あり

子どもも大人も、何か問題が起こっているときは、この3つのルールのどれかに違反しているときです。ルール違反は思いのほか簡単にできるんです⁉

ルール1違反は、人から何か批判されたり、理屈では説明できないな…と考えたり、研修会などで新しいやり方を知ったりするときに、よく起こります。うまくいっているのに、変えようとしてしまうのです。そもそも何がうまくいっているのかわかっていないときはなおさらです。

ルール2違反は、誰もが犯します。いつも問題やうまくいっていないことに注目しその原因ばかり考えているため、一度うまくいったときのことなど覚えていません。まして、うまくいったことの理由なんて考えもしません。だから、もう一度それを行うこともできないのです。

ルール3違反は、うまくいっていないとわかっていても、何をすればいいのかがわからないので、違うことができない場合に起こります。何がベストかなんて、そう簡単にはわからないものです。また、教条主義的になっている場合にもよく起こります。

解決志向ブリーフセラピーの、
ものの見方・考え方

信じるものは救われる⁉

　解決志向ブリーフセラピーには、中心哲学の3つのルールのほかにも大切な「ものの見方・考え方」がいくつかあります。

　援助的な実践を行う場面での基本的な姿勢（スタンス）であり、**発想の前提**と呼べるものです。これらは、正しいか、間違っているかの議論の対象ではなく、そのように考えて援助を進めると、よりうまくいくという科学的および経験的事実や哲学が背景にあって導き出されたものです。この前提を信じて行えば、そうでない前提でかかわるよりも、きっとよりよい結果につながります。

発想の前提

＜その1＞「変化」について
・変化は絶えず起こっており、必然である
・小さな変化は、大きな変化を生み出す

＜その2＞「解決」について
・「解決」について知るほうが、問題や原因を把握するより有用である

＜その3＞「リソース」について
・人（子ども）は、自身の解決のためのリソース（資源・資質）をもっており、自身の解決の「専門家」である

発想の前提＜その1＞「変化」について

変化は絶えず起こっており、必然である

　まず「変化」についての第1の前提です。**時間は流れ、時間の経過とともにすべてのものは変化しています。これは自然の摂理です。**

　本来、先生方は、子どもたちの変化を誰よりも知っている存在です。子どもたちは、身長が伸び体重が増え、昨日できなかったことが今日できるようになっています。大人に比べたら、子どもの成長変化の大きいこと！　例えば、子どもは「上級生になっ

た」「お誕生日が来て〇歳になった」といったことが、よりよい変化のきっかけになることが少なくありません。子どもたちにとって、時間の意味は大きいのです。

　変化は必然です。**変化しないのは、変化を妨げている大きな力があるからだ**と考えます。自然にしていれば変化は起きるのであり、**変化を起こすために大きな力はいらない**のです。ただし、変化はちゃんと意識して見ていないと見落としてしまいます。だから、**変化は絶えず起こっていると意識しておくことが大切**です。

言葉はウィルス？　それとも栄養素？

　私たちは対応がうまくいかないとき、「この子は変わらない」「いつまでたってもダメな子だ」と思いがちです。時には「（改善には）時間がかかりますよ」とか「また君か…」などと言葉に出してしまいます。そうやって「あなたは変わらない」というメッセージを伝えてしまうのです。

　言葉はウィルスです。その「あなたは変わらない」という言葉（前提）こそが、**子どもの変化を妨げます**。変化を阻止する力のもっとも大きなものの１つは言葉です。

　一方、言葉がウィルスとして大きな力をもつなら、「あなたは変わるよ」「あなたはよくなるよ」「あなたは素敵な人に成長するよ」といったメッセージを伝えることにも大きな意味があります。この場合はウィルスではなくて、言葉は栄養素、あるいはビタミンと言ったらいいでしょうか。

　教職員も保護者も、子どもたちにいかに「あなたは（あなたらしく）素敵に成長する（変わる）よ」という前提をもってかかわれるかです。うまくやれている子に対して、そう考えるのは苦労がないでしょう。すべての子どもにこの前提をもてるかが問われます。この前提をもてるように、日々、精進、精進！

小さな変化は、大きな変化を生み出す

　「変化」についての第２の前提です。解決志向ブリーフセラピーでは、解決にあたって、問題にではなく、**可能性のあるところ、少しでも変わりうるところに焦点を当てる**と先ほど説明しました。それは、小さな変化が大きな変化を生み出すというこの前提があるからです。

　またルール２の「一度でもうまくいったなら、またそれをせよ」についても、一度だけうまくいったなんて、全体から見たらちっぽけなこと、取るに足らない小さなことかもしれません。にもかかわらず、そこに焦点を当てていくことで、うまくいくことが繰り返せるようになり、大きな変化につながるのです。

　ドミノ倒しの最初の１枚を倒すのは小さな力で十分です。しかし、それがきっかけとなり、ドミノが次々と倒れ、大きな変化が起きていきます。解決志向ブリーフセラピーでは、その**最初のドミノの１枚を見出し、それを倒すための**

ささやかな援助を目指します。たった一言、「ありがとう」と言えたことで、いじめ問題や親子関係の問題が大きく進展することだってあるのです。

発想の前提＜その2＞「解決」について

「解決」について知るほうが、問題や原因を把握するより有用である
次に「解決」についての前提です。
　解決志向ブリーフセラピーでは、「原因」はいろいろ、「問題」は見方や立場によって異なるととらえます。そのため、問題や原因にとらわれるよりも、「どうなったらいいか」という解決の姿について知るほうが有用だと考えます。

「問題志向」の限界
　「解決志向」の対立概念は「問題志向」です。「問題志向」って、私たちが普段から問題が生じたときに慣れ親しんでフツーにやっている発想です。
　私たちは、何かうまくいかないことにぶちあたったとき、「何が問題なんだろう？」「なぜこうなったのだろうか？」「何がいけなかったのだろう？」と問題に注目し、原因やダメなところを探します。でも、そうやって悶々と考えても、解決からは遠ざかるばかりではありませんか？　自分を責めたり人のせいにしたり、不毛なことが多いものです。
　「問題志向」の考え方は、医学でいえば感染症治療などには有効です。発熱があった場合、何の病気かを考え、その病原菌を突きとめて治療します。
　ところが、不登校をはじめメンタルな問題は、原因が1つに特定できません。悪いのは、母親の対応？　家族？　本人の性格や考え方？　友だちや学校？　教育制度？　マスコミ？　経済不況？…どれも関係がないとは言えません。つまり、原因はあるけれど、あれもある、これもある、あるある状態です。問題も探せば何でも問題になります。そして、**仮に問題や原因が特定できたとしても、それに有効な対応が見つかるとも限りません。**

問題や原因は、とりあえずスルーする

ごめんなさい！ いくら原因を並べても役に立たないのに、時間（紙面）の無駄でした。要するに、**問題や原因は、とりあえずスルーして、「どうなったらいいの？」と、望ましい未来や解決の状態を考えることが役に立つ**のです。

どうなったらいいの？

例えば、リスカ（リストカット）を繰り返す子どもがいた場合、リスカを問題視し、「なぜリスカをしてしまうのか？」と、その原因を考えていくのが「問題志向」の考え方です。

一方、「解決志向」では、「どうなったらいいの？」「リスカをする代わりに何をしていられたらいいのか？」「もし最高に素晴らしい１日があるとしたら、それはどんな１日なのかな？」「10年後の自分はどんなふうになっていたらいいかな？」と**解決像や未来像を本人に問い、具体的にイメージしてもらう**のです。

そこが出発点になります。問題や原因は何かがわからなくても、どうなりたいのかの解決像や未来像がわかれば、そこに向けて進んでいけます。

解決像を知る意味

完成図のない家づくりはできませんし、メニューが決まらなければ料理もできません。行き先が決まらなければ、船出もできません。ここでいう完成図やメニュー、そして行き先が、解決像です。

完成図があいまいなままでは、家づくりを始めたはいいが暗礁に乗り上げてしまうでしょう。メニューが決まっていなければ、せっかくの食材をうまく調理できず、みすみす無駄にしてしまうかもしれません。行き先のわからない船出など危険すぎます。

これらはどれも当たり前のことのはずなのに、解決像を知ろうとしないまま、ことを進めようとして、大きな遠回りをしてしまうのです。いえ、単に遠回りなら、いつかはたどり着くからまだいいのですが、多くの場合、それで道に迷い、遭難してしまう。途中で戻ってこられなくなるばかりか、**問題や原因を追いかけているうちに、「問題のアリ地獄」に落ちてしまう**のです。

キャーッ！ 助けて〜！ そんなことにならないように、「解決」について知るほうが、問題や原因を把握するより有用であるということを、発想の前提にしておきましょう。

発想の前提＜その3＞「リソース」について

誰もが、自身の解決のためのリソース（資源・資質）をもっている

最後の前提は、リソースについてです。リソースとは資源・資質です。そこにあるものがリソースです。そこにないものはリソースにはなりません。

誰もが自分に役立つリソースをもっています。リソースは「売り」でもあり、「強み」でもあります。また、**弱みに見えたことも、利用次第で、強みや売りに変身します**。無からは何も生まれません。**あるもの（リソース）がとっても大事なのです**。

内的リソース・外的リソース

内的リソースは本人にまつわるもの、例えば、本人の興味関心、特技、趣味、容姿、持ち味、売り（セールスポイント）などです。外的リソースは本人の外側にあるもの、例えば、家族、友だち、先生、学校行事、部活、ペット、宝物、外部専門機関などが挙げられます。

リソースは、そこにあるものですから、**長所といったいかにも"よい面"というよりも、「売り」や「持ち味」といった個性的な側面が大切**になります。外的リソースには、人だけではなく、動物や宝物なども含まれます。

学校はリソースの宝庫

リソースのない子ども、リソースのない学校なんて、ありえません。多くの子どもたちがいて、何人もの先生方や様々な役割の人たちが学校にはいます。役立つものはたくさんあって、だから、**学校はリソースの宝庫なのです**。

教職員が子どものリソースを見つけるのはもちろんのこと、子ども同士で見つけ合う機会にも満ちています。

リソースを使う

解決志向ブリーフセラピーでは、ないものを探すのではなく、**あるものを探して使います**。うまくいかないと、ないものねだりをしがちですが、そうではなく、**そこにあるリソースを見つけ、それをよりよい方向に使っていく**のです。

冷蔵庫を開けて中をのぞくとき、「何があるかな？」と食材を探します。「何がないかな？」とないものを探したりしません。仮に、新たに買ってきた食材や高級食材が入ってなくても、とりあえず冷蔵庫の中にある食材を料理に利用します。

子どもたちを冷蔵庫にたとえたら、私たちはそれぞれの子どもの中に、どんなものを見つけるでしょうか？

解決像のトップダウン方式＆リソースのボトムアップ方式

　先ほど、問題や原因よりも、「望ましい未来」や「解決の姿」をイメージすることが重要だと述べました。ただし、出来上がりの姿を描いて家をつくるにしても、メニューをイメージして料理をするにしても、材料がいります。**リソースが材料**です。望ましい未来や解決の姿のビジョンがあれば、どのようなリソースが役に立つか、あるいはリソースをどう活かしたらいいかもわかります。

　一方、とりあえずそこにある材料を集めて、それを組み立てているうちに、いい感じのものがおのずと出来上がっていくという場合もあります。自然食材を活かした料理などは、まずは食材ありきでつくられます。リソースが先に見つかったり、蓄積されたりするなかで、解決の方向性や姿が定まってくることもあります。

　このように、解決を手に入れるためには、**解決像からのトップダウン方式**と、**リソースからのボトムアップ方式**があると考えていいでしょう。どちらの方式もOKですが、**リソースと解決像**とが、**解決のための必要十分条件**として重要なものであることがおわかりいただけるでしょう。

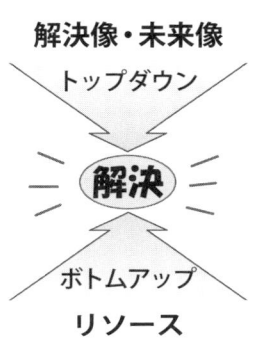

誰もが、自身の解決の「専門家」

　誰もがリソースをもっているという前提に付随して、誰もが自分自身のよりよい状態をつくるための、つまり解決のための「専門家」であるということも前提です。

　これは相手のリソースへの深い敬意と尊重の姿勢につながります。これを前提にすれば、援助者が考えた解決策を相手に押しつけたり、代わりにやってしまったりすることがなくなります。

　もちろん、子どもであっても自身の解決の「専門家」です。まず、それを本人自身がよく知ることが大切です。子どもを含め、誰もがリソースをもっており、望ましい未来や解決の姿を、人から与えられるのではなく自分で考え、内外のリソースを利用して自分でそのための行動を起こしていく力があります。私たちは、その力をうまく使えるように支援するにすぎません。

リソース中心主義！

　解決志向ブリーフセラピー（ソリューション・フォーカスト・アプローチ）は、名称のとおり解決に焦点を当てるアプローチですが、言い換えれば**リソース中心主義の**アプローチでもあります。

　何はなくとも、リソース、リソース。はじめにリソースありき、と考えましょう。子どもたちは、「何が好き？」「何が得意？」「宝物は何？」「何に夢中になっている？」「一目おいている人は誰？」「誰と友だち？」「憧れていることは何？」「がんばっていることは？」……。これらの質問から引き出される答えは、すべてリソースです。

例外（うまくいっていること）に注目！

例外って、まぐれじゃないの？
　解決志向ブリーフセラピーの大きな貢献は、「例外」の重要性を明らかにしたことです。うまくいっていないとき、困難や問題が生じているときは、毎日１日中、その悪い状態が起こり続けているように感じます。そのようななかで、いつも生じる問題がたまたま起こらないですんだとき、それはまさに例外ですが、解決志向ブリーフセラピーでは、例外を、まぐれや取るに足らないことではなく、注目に値する価値のあるものとしてとらえます。**例外は、問題が起こらなかったとき、少しでもうまくいったとき、ましなとき、うまく対処できたとき……例外に注目です！**

例外は、すでに起こっている解決の一部
　解決している状況とは、「問題が起こらないでうまくやれている状況」のはずです。仮に例外的であっても、そのような好ましい状態がすでに少しでも存在しているのであれば、それは、「そのよりよい解決の状態が、部分的であれ、すでに起こっている」ことになります。**例外は、すでに起こっている解決の一部**と定義されます。
　３つのグランド・ルール（中心哲学）のルール２「**一度でもうまくいったなら、またそれをせよ**」は、**例外についてのルール**だったわけです。

例外を尋ねる
　子どもの例外に注目し、観察し、例外について尋ねてみましょう。保護者や同僚の先生と一緒に取り組むのもいいでしょう。そこにリソースがあり、解決の糸口があります。例外に関連する質問の例をいくつか挙げてみます。

虎の巻：「例外」の質問例

➢ どんなときに、その問題は起きないのでしょうか？
➢ 少しでもましなとき（うまくやれているとき）は、どんなときでしょうか？
➢ どんなとき（授業、行事、時間帯）に、一番うまくやっているでしょうか？
➢ 捨てたものじゃないなと感じられるのは、どんな瞬間でしょうか？
➢ これからも続いてほしいことは、どんなことでしょうか？
➢ 本人がひそかにがんばっていることは、どんなことでしょうか？

成功の責任追及＆コンプリメント

成功の責任追及をしよう

　例外に注目し、例外が見つかったら、そのままにしておくようなことはしません。そこには解決の状態を創り出す重要なヒントが含まれているのですから、それを探求し分析します。名づけて「**成功の責任追及（例外の原因追求）**」です！

　いいですか？　「失敗の責任追及」ではありません。学校においても、家庭においても、失敗の責任追及は日常的に行われています。しかし子どもたちがうまくやれるようになるには、「どうやってうまくやったのか？」を明らかにし、その責任を本人に帰して、またそれを行えるようになってほしいわけです。

　失敗の責任追及はほどほどに、下記の虎の巻を参考に、熱心に興味津々に、成功の責任追及を、子どもたちにもっとたくさん行いましょう！

虎の巻：「成功の責任追及」の質問例

- どうやってうまくやったのですか？
- どうしてそれ（例外）は起こったのでしょうか？
- 問題が起きているときと、うまくやれているときは何が違っていますか？
- 少しでもうまくいっていることに、何が役に立っているのでしょうか？
- もっと悪くならないように、どうやって持ちこたえられたのですか？
- そのとき、周囲の人たちはどのような違うことをしたのでしょうか？

コンプリメントを惜しみなく

　コンプリメントとは、ほめる、ねぎらう、称賛するといった肯定的な注目や言葉かけ、サインを送ることです。成功の責任追及によって、何らかの対処法、本人なりの工夫・努力、役に立つ信念・考え方・経験、周囲からの協力などが見出されたら、これらは本人にとって何より重要な、時には独自なリソースです。これらを必ず肯定的に評価して伝えます！　それを本人が繰り返してやれるように、励ましねぎらうわけです。

　解決志向ブリーフセラピーでは、**コンプリメントこそもっとも強力な武器**です。こうして、**解決のために役に立つことを自ら行えるようになっていく**のです。

解決像・未来像を描く
～ミラクル・クエスチョン&タイムマシン・クエスチョン～

解決に向けての有効な質問

　問題や原因はとりあえずスルーして、ダイレクトに解決の状態を描く。その方法には大きく2つあります。1つは、もっとも特徴的な解決志向ブリーフセラピーの質問である**ミラクル・クエスチョン**。もう1つは、問題の有無にかかわらず、何年後かの未来の自分の姿をありありとイメージする**タイムマシン・クエスチョン**（こちらは、わが国の学校場面での実践から開発された質問です）。

　解決像や未来像が描けると、それだけで、何をしたらいいのかにおのずと気づき、よくなってしまうことがしばしばあります。方法論もスルーで大丈夫なのです。

> **ミラクル・クエスチョン**
> 　今晩、いつものように眠りについて、そして夜、眠っている間に奇跡が起きます。それはすべてあなたの望んでいるとおりになる（抱えている問題が解決する）という奇跡です。でも、あなたは眠っているので奇跡が起きたことに気づきません。
> 　明日の朝、目が覚めたら最初にどんなことから奇跡が起きたと気づきますか？　今と違うどんな行動をしているのでしょう？　他には誰が奇跡が起きたことに気づきますか？　他の人はどんなことに気づきますか？　次に気がつくのはどんなことですか？

　ミラクル・クエスチョンのあとに、**奇跡のかけら（例外）探し**をします。「奇跡の1日のうち一部分でもいいから、これまでに起こっていることはないか？」を尋ね、例外を見つけ、成功の責任追及をして広げます。

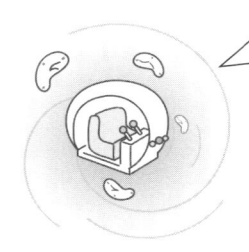

> **タイムマシン・クエスチョン**
> 　タイムマシンに乗って、〇年後の未来の自分を見に行ったとしたら、どんな格好をして、どこで誰と何をしているでしょうか。「こうなっているべき」（べき論）や「こうなっていたらいいのに」（希望・願望）ではなくて、ありありと映像を見ているように話してください。

　この質問に続けて、「未来の自分が現在の自分を見に来て、何か一言伝えてくれるとしたら、それはどんな言葉でしょうか？」という**逆タイムマシン・クエスチョン**も大変有効です。

万能の物差し
～スケーリング・クエスチョン～

使い勝手がよく、効果の高い質問

　解決志向ブリーフセラピーの技法で、もっとも使いやすく広範囲に利用できる万能な質問が、スケーリング・クエスチョンです。スケールとは物差しのことです。

　1から10の目盛り（数値）を使って、現在の状態を評定することから始まり、一連の質問を展開するなかで、具体的な考えが明らかになったり、段階的に解決に進めるという理解や希望が得られたりします。そして、リソースや成功体験の認識、自己効力感の高まり、目標の明確化、解決への具体的な行動がもたらされます。

　この質問では、**数値の大きさよりも、その差異や変動を扱い、具体的に、また段階的に考えていくこと**に効果があります。

スケーリング・クエスチョンの基本的な進め方とねらい

> 1．1から10の間で、10がもっとも望んでいる状態、1が想定できる最悪の状態だとしたら、今はいくつですか？
> 2．どうやってその数にまでなったのですか？（その点数分は何ですか？）
> 　＊とりあえず、いくつになったらいいですか？　それはどのような状態ですか？
> 3．今より1上がっているとき、どのような状態で何が起きていますか？

1．現在の評定を求めます。抽象的であいまいな状態が、数値で理解できます。
　《工夫》現在の評定の数が、4～6程度が扱いやすいとされます。**10の状態を、そこそこよい状態**として尋ねる方法もよく用いられます。
2．その数にまで到達しているのは、何があるからなのか、その点数分の中身が何かを尋ねます。ここではリソースや例外、過去の成功体験が話し合われます。
　《注意》決して、10に満たない部分が何であるかには注目しないこと。**減点法ではなく加点法の考え方！**　ここさえ間違わなければ、誰にでも使いこなせます。
3．今の数よりも、1上がっている状態を尋ねます。**スモールステップ**で、よくなっている状態や、今との差異を考え、**目標を明確化**していきます。
　《工夫》3.の質問の前に、「とりあえず、いくつになったらいいですか？」と尋ね、そのときの状態も尋ねて**当面の解決像**を知ることも役に立ちます。
　《注意》くれぐれも、1上がるためにどうしたらいいかについての方法論を、いきなり尋ねないこと。その状態やそうなった場合の差異をまず明らかにします。

具体的なアクションを起こす
～機能する目標づくりの3条件と プリテンド・ミラクル・ハプンドの提案～

解決のための3つの必要十分条件

さて、解決志向ブリーフセラピーの仕上げに入ります。
解決を手に入れるための必要十分条件は、次の3つです。

1. リソースを見つける
2. 望ましい解決像・未来像を描く
3. 具体的なアクションを起こす

1.と2.については、ここまで十分に紹介してきました（「えっと？ 何のこと？」なんて言ったら承知しませんよ！）。**最後は、3.の具体的なアクションです。**

家づくりや料理のための完成図やメニュー（解決像）、材料や食材（リソース）がそろいました。でも、材木や野菜を切るなど、何か具体的なアクションがなければ家や料理（解決）は手に入りません。またアクションを間違えると解決は遠ざかります。

機能する目標づくりの3条件

解決志向ブリーフセラピーでは、**具体的なアクションのために機能する目標づくり（ウェルフォームド・ゴール）を重視し**、それを次の3条件に整理しています。

> 1. 大きなものでなく、小さなもの
> 2. 抽象的なものでなく、具体的な行動で表現できるもの
> 3. 否定形（〜がなくなる、〜をやめる）ではなく、肯定形（〜をする、〜を始める）で表現できる行動

これらの条件はすべて**成功体験**を得るためです。大きすぎる目標は失敗しやすいし、抽象的な目標は実際には達成しづらいし、何かをしないようにするというのは、実際には難しい。**何かをしないようにする代わりに、何をすればいいかわかることが**具体的なアクションにつながります。

プリテンド・ミラクル・ハプンドの提案

もう1つ、**強力な効果をもつ具体的アクション**があります。ミラクル・クエスチョンによって具体的な解決の1日が描けている場合には、**あたかも奇跡が起こったかのようにふるまって、その1日を過ごすように提案する**ものです。ただし誰にも秘密にして行います。これ一発で改善に至ることの多い、ミラクルなアクションです！

問題の外在化
～ユーモアをもって、問題に対処！～

問題にどう向き合ったらいい？

問題や原因はスルーして、解決志向で行こう！ 確かにそのとおりで、解決志向ブリーフセラピーの発想も技法も本当に役に立ちます。でも、でもですね。どうしても問題を扱わなくてはいけない、スルーするわけにはいかないときだってあります。

そんな場合も大丈夫！ 解決志向ブリーフセラピーとは異なるブリーフセラピーの方法を利用すればいいのです。問題を扱うときの、またとない強い味方、それが**問題の外在化**というアプローチです。これは**ナラティブセラピー**の1つの技法です。

問題を内在化させることの罪

問題に対処しようとするとき、多くの場合、問題を本人や周囲の人々に内在化させてしまいます。例えば、「衝動的な暴力」であれば、暴力をふるう本人が問題、甘やかす親が問題、抑えられない学校が問題といった具合です。通常、「問題は相手側にある」と考えやすいですから、この場合、親と学校は容易に対立構造になります。

本人がやめたくてもやめられない問題で苦しんでいる場合、問題を自分に内在化して「自分は暴力人間だ」となれば、なす術がなく、余計に衝動性は抑えられなくなり、状況は悪循環に陥るでしょう。

問題の外在化ってなぁに？

本人のことを暴力人間であるととらえ、問題を本人に内在化させるのではなく、「衝動性（問題）に本人が困らされている」ととらえ、問題を本人と分けて、本人の外に出して考えるのが「問題の外在化」です。

問題の外在化は、**問題を本人および関係者から切り離して、外に取り出し（多くの場合、問題にニックネームをつける）、それを一種擬人化して扱うことにより、本人およびその関係者が、その問題への対処法を発見できるように援助する方法である**、と定義されています。

例えば、衝動性という問題に対して、比喩的にニックネームをつけます。"イライラ虫"と名づけた場合、「"イライラ虫"が本人を困らせている」ととらえ、本人も周囲の人たちも一致団結して、その"イライラ虫"に立ち向かい、やっつける方法を考えていくわけです。

ただ"虫"のせいにするだけでは責任転嫁に終わりますが、このように**問題への対処法を皆で考えるのに役立ち、本人が元気になる方法**なのです。

問題の外在化の適用

問題の外在化は、**自分にとって嫌なもの、違和感のある問題に適用**されます。本人がやめられるものならやめたい、やりたくないのにやってしまう、どうにかしたいといった問題（感情、気持ち、行動、クセ、習慣、対人関係のあり方など）です。

問題の外在化の進め方

問題の外在化を行う場合のコツは、**深刻にならず、ユーモラスに、活き活きと思わず笑いが漏れるような、元気が出るような明るい雰囲気で進めることです**。

問題の外在化の進め方の虎の巻を示しましょう。

虎の巻：「問題の外在化」の進め方

1．あなたの抱える「問題」は？
　やめられるならやめたいもの。（例：くよくよする、だらしない、すぐ怒る、遅刻、忘れものをする、暴力、喧嘩、食べ過ぎ、爪かみ、喫煙、飲酒……）

2．「問題」に、かわいいニックネームをつけてください。
　ニックネームは、説明的でなく、問題の雰囲気や本人の感覚にフィットするもの。

3．"そいつ"の生態観察をします。
　出没時間は？　生息場所は？　好物は？　餌は？　苦手なものは？　天敵は？

4．"そいつ"の被害調査をします。
　被害内容は？　被害者は？　被害は周囲にも及んでいる？　人間関係にも？

5．"そいつ"が役立っていることがあるか？
　"そいつ"のおかげで助かっていることは？　"そいつ"にもいいところはある？

6．"そいつ"にどう対処していくか？
　完全撲滅？　戦う？　逃げる？　かわす？　手なずける？　かわいがる？

「解決志向」と「問題の外在化」の類似性

問題の外在化は、確かに問題を扱いますが、問題を擬人化してその生態や被害をよく理解し、結果的にその問題がましなとき、生じないときなど、解決志向の「例外」に類似する視点から対処を考えます。解決志向と同様、悪者をつくらず、本人や関係者のもつ力を尊重し肯定するエンパワーメントの姿勢に貫かれています。

解決志向と問題の外在化は、その違いよりも、むしろ類似点やクロスオーバーの可能性が注目されています。両者の類似点は何に焦点を当てるかの共通性であり、それに基づいた、**人々を元気にする統合的な実践が大切だ**ということです。

Part 2

やってみよう！ワークシートでブリーフセラピー

リソース・マップを描こう！
～目標を実現する自分地図～

黒沢幸子

対　　象：小学生（高学年）・中学生・高校生・教職員
活用場面：学級で集団実施・個別面談・教職員研修会

❀ このワークシートのねらいは…

　子どもたちは誰しもリソースの宝庫です。目標を実現し、なりたい自分になるためのリソース（資源・資質）をすでにたくさんもっています。ここでは、自分の内外のリソースをたくさん見つけ、自分の周囲にマッピングして視覚化し、夢や目標につながる力や強み、大事な物を自覚していきます。

❀ こんなふうに使います！

1. ①～③は、思いつくものを1つでも多く見つけ、④は夢や目標を書きます。
2. ①～④で挙げられたものは、すべてがリソース・マップのアイテムとなります。
3. リソース・マップの「太陽」の中に、④の夢や目標を一言で書き入れます。
4. ①～③で挙げたリソースを○で囲み、リソース・マップの「自分」の周辺から目標に向けて、○や□で囲ったアイテムとして書き入れていきます（書き入れ方はCD-ROM収録の記入例を参考にしてください）。
5. リソースのアイテム同士のつながりや影響に矢印や線を引きます。自分のリソースを見直し、夢や目標と関連させて、さらに新たに気づいたリソースを加えます。
6. 集団実施の場合、完成させたリソース・マップを見せ合い、話し合います。

❀ 留意点＆困ったときの対応のヒント

　得意なことや自慢できることがないという場合でも、例えば、歩ける、笑うことができる、寝るのが好き、短気、ペット、ゲームなど、どんなこともリソースです。

❀ 実践エピソード

　校内研修会での実施もおすすめです。例えば目標を「学校がハッピーになる」にすると、先生方のリソースは無尽蔵で、それをシェアし合うと、本当に実現します！また、大学生集団で実施した際、「自分には宝が多くある」「自分の強みと目標のつながりが意識される」「前向きになれた」といった感想を得ています。

❀ アレンジのポイント　　＊CD-ROMにはマップを大きく描ける2枚で1セットのシートも収録

　④の目標を、個人ではなく学級や行事に特定したマップもできます（例：学芸会でのクラス優勝！⇒学級マップ）。個人面談や進路指導、教育相談にも使えます。

私のリソース・マップ

1．自分の宝探し（リソース探し）をしましょう！　できるだけたくさんあげてください。

①あなたが好きなこと、関心があること、燃えること、わくわくすること、がんばっていること、ときめくこと、得意なことは、何ですか？

②あなたにとって大事な人、大事な物、大事にしていることは、何ですか？

③あなたの特徴、強み、捨てたもんじゃないことは、何ですか？

④あなたの夢や実現したい目標、なりたい自分の姿は、何ですか？

2．①〜④の答えをもとに、リソース・マップを描いてみよう！

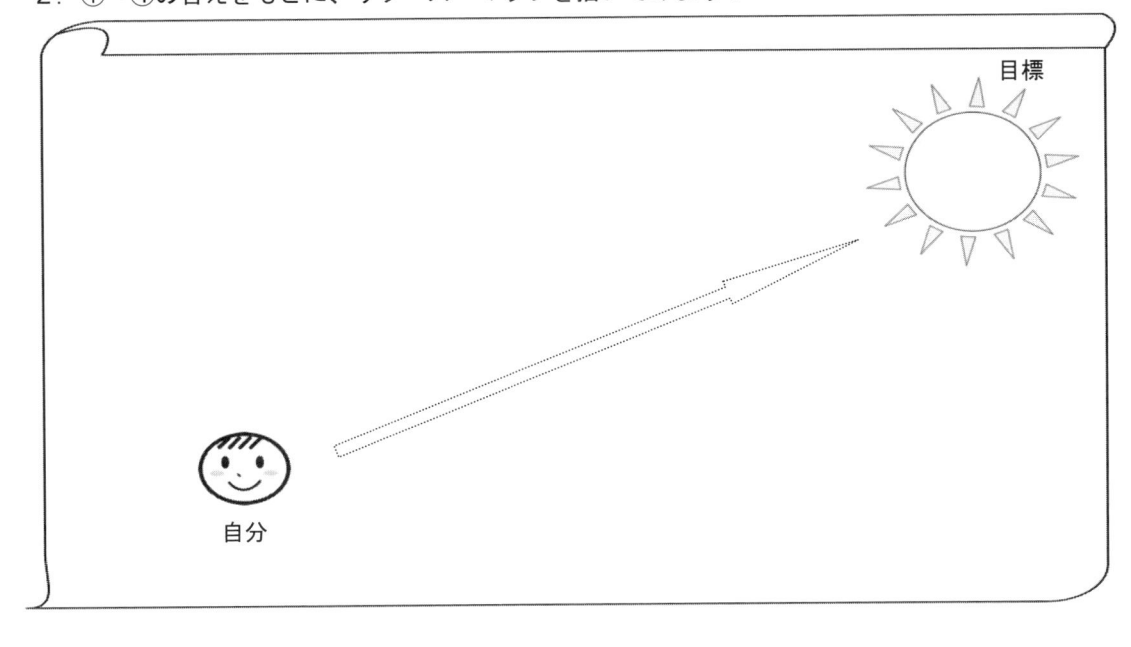

目標

自分

やってみよう！"ほめほめ面接"

玉木　敦

対　　象：小学生・中学生・高校生
活用場面：個別面談

◎ このワークシートのねらいは…

　子どもたちと接するとき、教師の目線はしばしばその子の「できていないところ」に向きがちではないでしょうか。子どもたちとのよりよい人間関係づくりや、一人一人の個性を伸ばしていくためには、「できていないところ」を伸ばそうとするよりも、その子が「すでにできていること」を見つけそこを伸ばしていくほうが効果的です。
　このワークシートは、子ども一人一人の「強み」や「よさ」を見つけるための観察シートとして作成しました。

◎ こんなふうに使います！

　定期的に設定される「教育相談週間」を、日頃きちんと伝えきれない"ほめほめ面接"の機会ととらえ、その子がもっている「強み」や「よさ」、さらには「あなたは、こんなにみんなに役立っている」ということを伝えるようにしています。
　このシートは、子どもたちをほめるネタ（リソース）を集めるための観点シートとして活用します。一人につき1枚のシートを使用します。チェックを入れたりコメントを記入したりすることで、子どもたち一人一人の「強み」や「よさ」が見えてくるはずです。

◎ 実施の際の留意点

　"ほめほめ面接"メモには、できるだけエピソードを残したほうがいいです。実際に面談する際に具体的なエピソードをもとに話したほうが伝わりやすいからです。

◎ 実践エピソード

　"ほめほめ面接"の手引きがCD-ROMに入っていますのでご活用ください。
　面談で「自分がどんなふうによくなってきたと思う？」と聞くと、しばしば、「わからない」という答えが返ってきます。そんなときはチャンス！「先生はね、○○なところがすごいって思っているよ」「あなたには○○なよいところがあるよね。先生は、いつも感心しているよ」というふうに、このメモを活用して"ほめほめ（コンプリメント）"をしっかり伝えるようにしています。相手がうれしそうにしていたり、触発されて話し始めたりすれば"ほめほめ面接"は大成功です。

"ほめほめ"面接メモ

（　　）年（　　）組　氏名（　　　　　　　　　　）

★人と気持ちよく接する強み	＊具体的なエピソードなど
1．あいさつや返事をきちんとしている。	
2．（目上の人への）言葉づかいや受けこたえがきちんとできている。	
3．グループ活動などで、みんなと協力している。	
4．そうじを一生懸命するなどよく働いている。	
5．忘れ物をしない。	
6．時間を守って行動している。	
7．約束をきちんと守っている。	
8．後片づけができている。	
9．整理整頓ができている。	
10．いつも清潔な身なりをしている。	

★人をニコニコにする強み	
1．だれにでもていねいに接している。	
2．「ありがとう」をよく言っている。	
3．ユーモアがある（友達を笑わせる）。	
4．下の学年の子にやさしく接している。	
5．友達にはげましの声をかけたり、相談にのったりしている。	
6．みんなのことを考えて自分の考えやアイデアを言っている。	
7．当番や係の活動をすすんでやっている。	
8．友達のお世話をよくしている。	
9．ゆずり合いができている（「いいよ」が言える）。	
10．みんなをまとめることがうまい。	

★その子自身がもっている強み	
1．笑顔（よく笑う）。	
2．元気がよい（声・行動）。	
3．給食をよく食べる。	
4．いろいろなことをよく知っている。	
5．外でよく遊ぶ。	
6．特技がある（足が速い、野球、サッカー、絵、歌、ピアノ、文字がきれい）。	
7．生き物が好き（世話をよくしている）。	
8．ハキハキと話すことができる。	

リソース探し

心の種を咲かせよう

八幡睦実

対　　象：中学生・高校生・大人
活用場面：個別面談・学級での集団実施・教職員研修会・保護者会・ＰＴＡ研修会

❁ このワークシートのねらいは…

　最近の自分を振り返り、自分の多様な側面、特に良さや強さに気づき自分を受け入れ、理解することを通して自己肯定感を高めます。そして未来の自分に活かしていく力にすることをねらいとします。

❁ こんなふうに使います！

①静かに心が落ち着いた状態で始めます。特に学級などの集団で行うときは、話をせず自分と向き合うこと、人の書いたものを見て、悪く言ったりからかったりしないことをしっかり約束してから始めます。
②６個全部埋めなくてもいいこと、どんな小さなことでもいいことを伝え、良かったこと、うまくいったこと、頑張っていること、自慢したいことなど、自分の良さや強さを書きます。
③２.の欄に、自分の未来にこれらの良さや強みを活かすと自分はどうなっているか、イメージしたことを書きます。早く書き終わって時間が余った人は、シートに好きな色を塗ってもいいことを伝えます。
④３.の欄に、感じたこと、気づいたこと、新しい発見などを書きます。
⑤最後にもう一度、人の書いたものを絶対に悪く言ったりからかったりしないことを確認したうえで、気づいたこと、感じたこと、新たな発見などをグループでシェアリングし、お互いに拍手を送り合うとより効果的です。

❁ 留意点＆困ったときの対応のヒント

　書けない生徒がいるときは、「どんなに小さなことでもいいんだよ」と再度伝えたり、本人のできていることなどを伝えたりして、一緒に考え支援をするといいでしょう。

心の種を咲かせよう

リソース探し

年　月　日　　年　組　氏名

1．あなたの心の中には、自分なりにすでにできていること、うまくいったこと、頑張ったこと、誰かにしてあげたこと、自慢したいこと等の種がたくさん埋まっています。その種がどんどん育ち、花を咲かせたらどんな花が咲くでしょう？

2．これらを未来にうまくいかすと、あなたはどうなっていますか？

3．感じたこと、気づいたことを書きましょう

Part 2　やってみよう！ワークシートでブリーフセラピー

最高の1日
～ミラクル・クエスチョン天使バージョン～

黒沢幸子

対　　象：小学生・中学生・高校生
活用場面：学級で集団実施・個別面談

◉ このワークシートのねらいは…

　解決志向アプローチでは、「本当に望んでいる姿や状態」など、解決像を具体的に描くほうが、問題や原因、方法論を考えるよりも、ずっと役に立つことを実践から見出しています。ここでは、解決像を描く代表的な質問法であるミラクル・クエスチョンを天使バージョンで行います。解決像を得ることで、「本当に望む自分への近道」を子どもに気づいてもらいます。

◉ こんなふうに使います！

1．ワークシートに沿って、天使が金の粉をかけるという文章の部分を、先生が読んであげてから、「さあ、どんな最高の1日になるかな？」と期待をもって問いかけ、時間をたっぷりとって子どもに書いてもらいます。低学年なら絵でもかまいません。
2．夢の中でリハーサルしているように（映像で見ているように）、具体的に描いてもらうことがコツです。朝起きた瞬間から夜寝るまでの1日を描ければ効果的です。
3．家族、友だちなど他者の視点から、その自分がどう見えるかも問いかけてみます。
4．（オプション）「最高の1日の状態の中で、すでに起こっていることは、どんなことかな？」と問いかけ、見つけてもらいます。そして「最高の1日のかけらは、すでに起こっているね。さらにもっと見つけて増やして行こう！」と励まし、「例外」（少しでもうまくいっていること）への注目をうながすこともできます。
5．集団実施の場合、最高の1日を分かち合い、お互いに共有します。相手が気づいていない「すでに起こっている解決の状態」について、探して伝え合います。

◉ 留意点＆困ったときの対応のヒント

　うまく想像できない子どもには、何か1つだけでも楽しい様子を書いてもらいます。現実的な内容でも夢物語でも、楽しく伸び伸びと書くことが大切です。
　最高の1日を心にとめると、そこに近づいていけること、天使の金の粉を思い出すと、うまくいく力が湧いてくることを、伝えるのもいいでしょう。

◉ アレンジのポイント　＊CD-ROMに「低中学年用」や「4.のオプションなし」のものも収録

　子どもは想像力豊かで嬉々として描きます。最高の1日を「愛犬からはどう見える？」などと聞いたり、ドラえもんのどこでもドアで見に行くなどアレンジできます。

名前：

最高の1日

✦ どんなふうに目が覚める？　目が覚めたら……何が違う？　何から気づく？

✦ それからどんなことが起こる？

✦ 家では？

✦ 学校では？

✦ 家族はどんなことに気づく？

✦ 友だちは何に気づく？

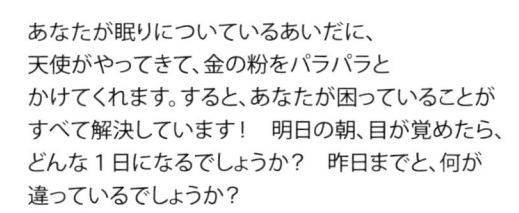

未来像・解決像の構築

あなたが眠りについているあいだに、天使がやってきて、金の粉をパラパラとかけてくれます。すると、あなたが困っていることがすべて解決しています！　明日の朝、目が覚めたら、どんな1日になるでしょうか？　昨日までと、何が違っているでしょうか？

とてもすばらしい1日が始まります。
最高の1日の中ですでに起こっていることは何？

分身1号のシナリオ
～自分がなりたいキャラで1日を過ごす～

黒沢幸子

対　　象：小学生（高学年）・中学生・高校生
活用場面：学級で集団実施・個別面談

◯このワークシートのねらいは…

　自分が望む状態、よりよい未来の姿、最高の1日など、解決像を具体的にイメージできれば、あとはそれを実行するだけです。この実行を促す解決志向の技法に、プリテンド・ミラクル・ハプンド（奇跡が起こった「解決の1日」のようにふるまう）課題があります。これは、解決の状態を直接手に入れる強力な方法です。

　ここでは、自分に役立つもう一人の自分（解決像の1つ）が活躍するシナリオを書き、それを俳優（女優）になりきって演じる機会を与えることで、自分自身の枠を広げ、新たな自分のバージョンをつくっていく経験をしてもらいます。

◯こんなふうに使います！

1．自分に役立つキャラ（性格）をもつ分身1号を考え、それに似合う名前を付けます。一番単純な命名は「花子1号」のように自分の名前を使うものです。
2．その分身が活躍するシナリオを書いてもらいます。先生が「どんな分身1号が、どんな活躍をするだろう？」と期待をもって問いかけるのもいいでしょう。
3．シナリオを書き終わったタイミングで、シートの下部に書かれている内容を先生が読んで（黙読でも可）、実際に俳優（女優）になった気分で、シナリオどおり分身1号になりきって過ごすように伝えます。他人には演じていることを知られないように、また周りの人の反応を観察するように、楽しんでやるよう伝えてください。
4．約1週間経ってから、分身1号の俳優実験報告（気づいたこと、分身1号を使うコツ、どんなときに使うといいかなど）を書いてもらうことも役に立つでしょう。

　子どもや若い人には変身願望があり、喜んで取り組みます！　どうならなければいけないかを子どもに説教するより、本人自身がどうすればいいかを知っています。

◯留意点＆困ったときの対応のヒント

　具体的でリアリティのあるシナリオを書くことが重要です。非現実的なことなら、「それをする代わりに何ができたらいいかな？」と尋ね、実行可能なものにします。

◯アレンジのポイント　　＊CD-ROMに「特別任務版」「学校場面版」も収録

　分身への変身は、SF的に「特別任務」として行う方法や、学校場面に限定して分身の活躍を描かせ実行する方法などもあり、どれも有益な体験となるでしょう。

分身1号（　　　　　）のシナリオ

　　　　　　　　　　　　年　　組　　　　　　　　　　　

特別なチャンス到来！　あなたに、もう1人の自分（分身1号）を授けます。
分身1号は、自分に役立つ自分が欲しているキャラ（性格）です。分身1号は、どんなキャラで、どんな1日を過ごし、どんな活躍をするか、シナリオを書きます。

＊分身1号に似合った名前をつけます。

　　月　　日

朝：

　　　　　　　　　　　　　　　　　　　　　　　　

昼：

　　　　　　　　　　　　　　　　　　　　　　　　

夜：

1週間以内の日で、都合のいい日を1日選び、その日は俳優（女優）になって、その分身1号になりきって過ごします。その日、分身1号であることは、くれぐれも他人には知られないようにしてください。
分身1号に対して、家族は、そして友だちは、どんな反応を示すか、何げなく観察します。もちろん、自分自身の変化も楽しむこと。きっと新たな自分の可能性を発見できるでしょう。
分身1号は、あなたのものです。これからは、自分の力で、自分の人生にいつでも登場させられます。

未来像・解決像の構築

未来の自分と対話しよう
～タイムマシン・クエスチョン～

疋津信一

対　　象：中学生・高校生
活用場面：個別面談・学級や学年で集団実施

◎ このワークシートのねらいは…

「未来時間イメージ」は大きな力をもっています。未来の自分と対話することで、未来の自分から勇気や対処法をもらうことができます。また、自分の考え（想い）を表現し、相手に伝える練習にもなります。

◎ こんなふうに使います！

「未来」が持つ力を伝えるとともに、自分の夢や目標を実現するためには、自分の未来について具体的にイメージできることが大切であることを伝えます。

ワークシートの手順の説明では、担任と副担任の両方のワークシートをスクリーン等で映し出して紹介するといいでしょう（CD-ROM収録の記入例参照）。

ワークシートの②の記入が終わった段階でペアをつくり、横並びになってお互いのシートの内容を伝え合います（伝え合ったあと、ペアで振り返りを行う）。

最後に、ワークシートの下部の「☆（　　　　　　　　　）」の欄に「未来の自分から、今の自分へ一言」と記入させ、自分への一言を書かせます。

ワークシートを集め、「未来の自分から、今の自分へ一言」の部分を切り取って小さな封筒（表にお守りと書く）に入れ、後日、一人ずつ丁寧に手渡しします。

「10年後の自分」を思い描けない生徒がいる場合は、「20歳の自分」でもいいよと、少し近未来にします。また、絵で描いてもいいのですが、単に自分の好きなイラストを描いていないか、確認するようにします。

◎ 実践エピソード

中学3年生に10月頃実施したとき、「未来の自分から、今の自分へ一言」で、「受験勉強頑張れ！　明るい未来が待っているぞ！」と書いた生徒がいました。「周りの人からではなく、未来の自分から言われてどう？」と尋ねると、「未来の自分から言われると勇気が湧いてくる」と答え、用紙をお守り袋にうれしそうに入れていました。

◎ アレンジのポイント

学年での集団実施用に、配布時間を考慮してワークシートを1枚にしました。個人や学級での実施では、「未来の自分から、今の自分へ一言」は別シートがおすすめです。

未来の自分と対話しよう

　　　　　　　　　　　　　　　　　　　年　　組　名前

　タイムマシンに乗って、「10年後の自分の、ある日のひととき」を見に行きましょう。
　10年後の自分は、どんな外見で、どんなふうに、誰と、どこで、何をして過ごしているでしょうか？【どうなっているべき】とか【どうなっていたらいいな】ではなくて、【ビデオでその光景を映し出したら、何が見えるか】ということで書いてみましょう。

未来像・解決像の構築

①10年後の、どんなところへ行くか決めよう！

季節は？	何月何日ごろ？
その日の何時ごろ？	場所はどこ？

②実際にタイムマシンに乗って行ってみよう！

どんな格好をしていますか？（髪型は？ 服装は？ 他に身につけているものは？）

まわりには誰がいますか？（友達ですか？ 家族ですか？ 他の人ですか？）

まわりに何が見えますか？（近くには？ 遠くには？）

どんなことをしていますか？

＊絵で描きたい人は、用紙の裏を使って描いてください。

☆（　　　　　　　　　　　　　　　）

Part 2　やってみよう！ワークシートでブリーフセラピー

解決の知恵袋
〜ピア・サポートによる解決志向紙上相談〜

黒沢幸子

対　　象：小学生・中学生・高校生
活用場面：学級でグループをつくって実施

◉このワークシートのねらいは…

　解決志向の紙上相談をピア・サポートによって行います。子どもたち自身が解決の専門家であり、友だち皆がリソースをもっています。解決のアイデアを交換して、実際に役立つ最強のアイデアを各自が手に入れます。

◉こんなふうに使います！

1．4〜5人のグループをつくり、各自が①困っていること、②解決像を書きます。
2．グループの中で、ワークシートを順番に回し、自分以外のメンバーの①と②を読み、自分の名前を書いて、それに対するアイデアを③の欄に書き込みます。これをメンバー全員が行い、終了したら、本人にワークシートをそれぞれ戻します。
3．各自が自分のワークシートに書き込んでもらった③のアイデアを読み、もっとも気に入ったアイデアをチェックして選び、④選んだ理由・感想を書きます。
4．グループ全体で、各自が選んだアイデアと④についてシェアし、話し合います。

◉留意点＆困ったときの対応のヒント

　アイデアは、「相手のことを思って考えてあげること」「なるべく具体的で、相手が実際にできそうなことを書いてあげること」を事前に伝えておくといいでしょう。「みんなにはきっといい知恵があるし、いいアイデアが出るに違いないね、楽しみだね」と期待を伝えましょう。「ふざけたり困らせたりするような内容はいけません」と、起こりうる問題について注意を与えるのではなく、うまくいく期待を伝えることがコツです。これが解決志向の実践方法です。

　アイデアが浮かばないという子どもには、相手のいいところやがんばっているところを書いてあげるように伝えます。

◉実践エピソード

　お互いにアイデアを書き合うので、子どもたちは真剣です。教師や大人が思いつかないような子ども目線の有益なアイデアが驚くほど出てきます。子どもたちは、友だちから様々なアイデアをもらえたことが力になり、自分で困りごとに対処し、解決の状態を実現させるようになります。

解決の知恵袋

　　　　　　　　　　　　　　　　年　　　組

①いま、困っていること

②こんなふうになったらいいな（解決像）

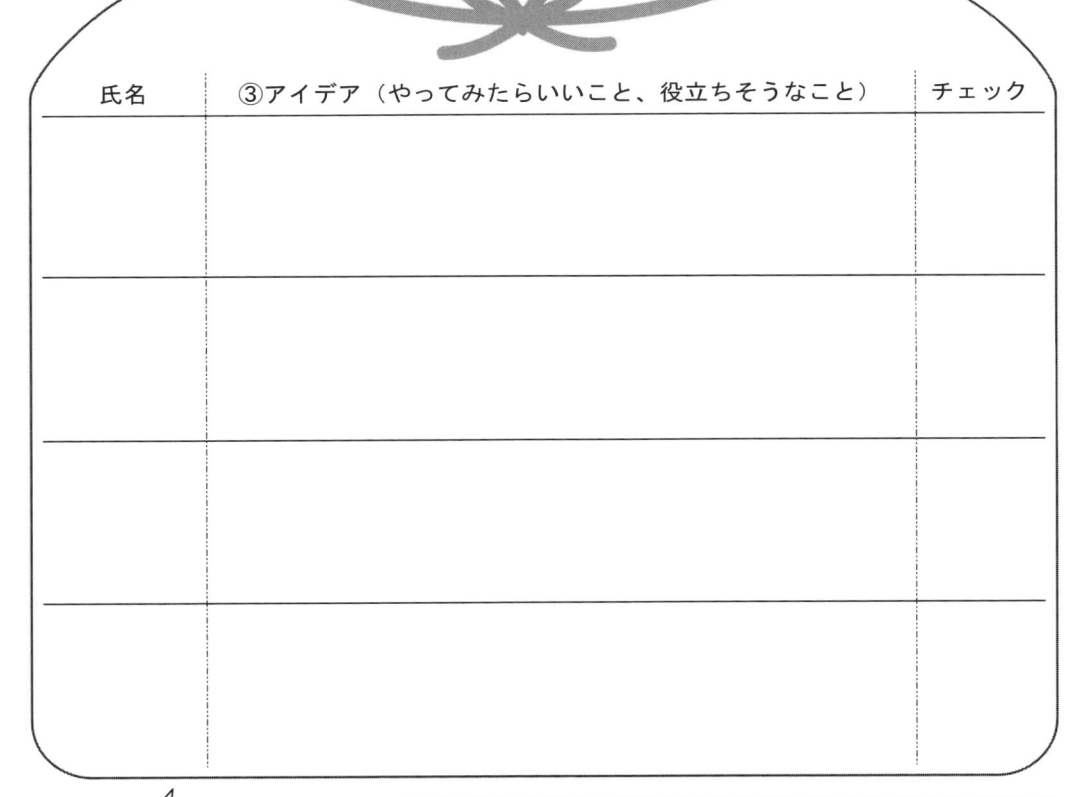

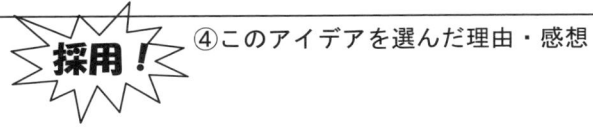

氏名	③アイデア（やってみたらいいこと、役立ちそうなこと）	チェック

採用！ ④このアイデアを選んだ理由・感想

未来像・解決像の構築

Part 2　やってみよう！ワークシートでブリーフセラピー　39

解決の井戸端会議に聞き耳を立てる！
～リフレクティング・チーム～

丹治静子

対　　象：高校生・保護者・教職員
活用場面：学級や生徒会、部活動、保護者会、学年会などで集団実施

◎このワークシートのねらいは…

　このワークシートを使って進行させるのは、解決志向をベースにした「解決援助グループプロセス」です。グループの中で、各自が自分の課題を出した上で、「良いところ」「能力」をお互いに認め、メンバーが互いに解決に向けた意見を反響（リフレクト）させます。当事者が聞き耳を立て、それらを知ることによって、前進しようというエネルギーを高め、進む方向性や具体的な小さな一歩を見つけ出します。

◎こんなふうに使います！

　ロングホームルームや総合的な学習の時間で使います。生徒会や部活動のミーティングなどでも活用できます。あるいは保護者会や学年会で実施することもできます。
　ワークシートに沿って、時間を計って実施します。時間については、内容や人数によって調整してください。1グループの人数については何人でもできますが、50分～60分授業では4～5人が適当です。
　どうしてもうまく話せない子がいる場合は、付箋紙などを活用してもできます。また、「2　③質問タイム」で質問が出にくい場合があるので、質問カードを10枚程度つくって机上に置いておくと話が途切れることなく進みます。
＜質問カードの例＞「今までに助けてくれたこと（人）や、役立ったものはありますか？」「せめてどのくらいになったらいいなと思いますか？」「ここにドラえもんがいたら、どんな道具を出してもらって、どう利用しますか？」など。
＜OKメッセージの出し方＞いろいろな強みを書いたカードから1枚選んで、理由を含めて渡すなどの方法もあります。(参照「ストレングスカード」キャリア開発研究所)

◎実践エピソード

　「2　⑤リフレクティングタイム」で課題の発表者が輪の外に出るときには、いつもどよめきが起こります。このちょっとした距離感のおかげで、他の人の言うことの必要なところだけを受け入れるゆとりが生まれるようです。

◎アレンジのポイント

　時間が足りない場合には、3人グループでも十分効果が期待できます。また部活動や進路指導など、目的が明確な場合には、課題の範囲を決めて実施するのもおすすめです。

「リフレクティング・チーム」で解決

<u>　　　年　　　組　名前　　　　　　　　　　</u>

1 準備　4～5人で1組になりましょう。簡単な自己紹介をしてください。

2 リフレクティング・チーム開始

① 「こんなことが実現したらいいのに、なかなかうまくいかないなぁ」「上手にやれたらいいのに、まだダメなんです…」などといったことがあったら書いてください。

（あんまり大きなすごい内容じゃないほうがいいよ）

```
┌─────────────────────────────────┐
│                                 │
│                                 │
│                                 │
└─────────────────────────────────┘
```

② 課題発表タイム

　誰か1人が上記①の「何とか上達したい」「実現したい」という課題（内容）を発表してください。他の人は黙って聞いていてくださいね。（1分）

③ 質問タイム

　順番に1人1つずつ、内容をさらに詳しく聞いてください。（3～4分）

　＊なかなか質問が浮かばない人は、質問カードを利用してもいいですよ。

（メモ　発表してくれた人の話で感心したこと、いいと思ったこと、小さなことでもやれていることなど書いてください）

```
┌─────────────────────────────────┐
│                                 │
│                                 │
│                                 │
└─────────────────────────────────┘
```

④ OKメッセージタイム

　課題を発表してくれた人に、③でメモした感心したことなどを中心に、力づけるような具体的なメッセージを1人1つずつ順番に伝えてください（1～2分）。

⑤ リフレクティングタイム

　課題を発表してくれた人は、グループの輪の外に出て、横向きで聞き耳を立てる感じでグループの人の話し合いを盗み聞き！してください（4～5分）。

　グループの人はここまでの話を聞いて、発表してくれた人に対して「何か解決になるような、助言・アイデア・意見・こんな可能性があるなど」を1度に1つずつ発言してください。一巡したら自由に発言してください。

　＊「～してないからダメ」という批判ではなく「～するともっと良くなる」という言い方で提案しよう。

（いろいろな意見が出ることが大切なので、意見をまとめないで、とにかくアイデアをいっぱい出してください）

⑥ スモールステップ発表タイム

　課題を発表してくれた人は、感想とすぐに実行してみようかなと思えた具体的な行動について発表してください。（1分）　お礼を伝えて終了。

3 リフレクティング・チームをやってみての感想を書いてください。

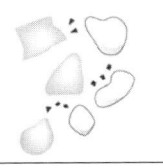

```
┌─────────────────────────────────┐
│                                 │
│                                 │
│                                 │
└─────────────────────────────────┘
```

未来像・解決像の構築

○○虫をやっつけよう！
～問題の外在化で一人一人の頑張りを認め合う～

渡辺奈津

対　　象：小学生（低～中学年）
活用場面：個別面談・学級で集団実施

❀ このワークシートのねらいは…

　自分の苦手なことを外在化して○○虫と名づけて対象化し、いろいろな方法でやっつけるのがねらいです。

❀ こんなふうに使います！

　学級で集団実施する際は、一人一人の課題が見えてきた時期に行います。それぞれが虫を発見したあと、○○虫をグループで発表し合って、どうやってやっつけようと思っているか意思表示します。一人一人の課題は違うので、それぞれの課題に一人一人が向き合い、互いの頑張りを認め合うことにつなげることができます。
　「イライラ虫」「めそめそ虫」「ボーっと虫」など、どんな虫がいるか、その虫がいるとどんな困ったことが起きるか、具体例を挙げていきます。このとき、あくまでも困っているのは本人です。本人が困っているから、虫を発見してやっつけようとするモチベーションにつながります。周りの人がその虫のせいで困っているというスタンスで話すと、本人が責められている感じになり、外在化そのものがしにくくなります。
　他人を虫にしてしまって本人の課題を外在化していない場合は、本人の気持ちに向き合わせ、本人のとらえ方のくせなどを外在化させるようにします。
　また、特に自分のマイナス面にふれられるのが苦手な子には個別面談で使い、外在化することで自己肯定感を下げることなくめあてを立てることができます。

❀ 実践エピソード

　イライラ虫を深呼吸でやっつけるなど具体的な方法だけでなく、虫の絵を切り取ってくしゃくしゃに丸め、黒板に向けて投げつけるなども効果的です。特に低学年の子どもはそれだけですっきりして頑張れるようです。踏んづけたり、びりびりに破いたり、ドキドキ虫（緊張感）などはシュレッダーで粉砕したりしました。

❀ アレンジのポイント

　節分の時期には○○鬼に。より高学年であれば「虫」ではなく自分の目標達成を邪魔するものとして「○○心」として扱ってもいいでしょう。大事なことは、その「○○心」を内在化せずに外在化して、「○○心におそわれちゃうことがあるんだよね」「その○○心を追い払うにはどうしたらいいかな？」ともっていくことです。

○○虫をやっつけよう！！

なまえ＿＿＿＿＿＿＿＿＿＿＿＿

あなたのこまっていることや、にがてなことはなんですか？

```
┌─────────────────────────────────────────────┐
│                                             │
│                                             │
└─────────────────────────────────────────────┘
```

どんな虫がいて、そのこまったことがおきるんだろう？
○○虫と名前をつけて、その虫がどんなやつかしらべよう！

```
┌──────────────────────────────────────────────────┐
│  ┌─────────────────────────────┐                 │
│  │                         虫 │                 │
│  └─────────────────────────────┘                 │
│                                                  │
│                                                  │
│                                                  │
│                                                  │
│   ┌ ─ ─ ─ ─ ─ ─ ─ ─ ─ ─ ─ ─ ─ ─ ─ ─ ─ ─ ─ ─ ┐    │
│                                                  │
│        どうやってやっつけたらいい？ やっつけかたを考えよう！ │
│     やっつけかたがわからないときは、先生や友だちにもそうだんしてみよう！ │
│   └ ─ ─ ─ ─ ─ ─ ─ ─ ─ ─ ─ ─ ─ ─ ─ ─ ─ ─ ─ ─ ┘    │
└──────────────────────────────────────────────────┘
```

問題の外在化

君は名探偵！
～子どもとともに戦略を練る～

長野　実

対　　象：小学生（高学年）・中学生
活用場面：個別面談

● このワークシートのねらいは…

「問題」を「本人」から切り離すこと（問題の外在化）を意識して実施します。その際、何といっても「楽しい時間をともに過ごす」ことがポイントです。このワークシートを前にして、子どもたちと「ともに戦略を練る仲間」になりましょう。

● こんなふうに使います！

①子どもと横並びになり、2人でワークシートを見ながら、上から順番に聞き、記入させていきます。
②絵はニックネームをつけたあとに描いてもらいましょう。色・におい・触った感じなども聞くと、楽しさが倍増します。できるだけユーモアを駆使して盛り上げます。
③下部の2つの欄は、「例外探し」と「未来像・解決像の構築」をするゴールセッティングです。2人で力を合わせてゴールに向かう計画を立てましょう。ゴールへたどりつくのは子どもです。答えを急ぎすぎて、教師の思いどおりに進めては逆効果。まずはしっかり耳を傾けます。子どもこそが解決の力をもっているのです。

● 実践エピソード

特に自己肯定感がダウンしている子に効果的でした。特別支援学級の子どもたちは、このワークシートを使うとたくさん話をしてくれます。言語に課題のある生徒には、こちらからいくつかの（最小限の）選択肢を出して補ってあげました。

外在化の技法を使うと、子どもたちは最初「えっ？」という表情になります。この表情はとても魅力的です。問題を内在化して日々悩み苦しんでいる子どもにとって、問題の外在化は、一筋の光明が見える――そんな気分になるようです。

ワークシート実施後、「今日はペラペラ虫にやられてないね」「さっきペラペラ虫がいたみたいだけど、どんなふうにかわしたの？」などの会話で盛り上がります。

● アレンジのポイント

このワークシートでは「探偵がなぞを解き明かす」という設定になっていますが、この設定にこだわる必要はなく、子どものリソースに合わせることが大切です。例えば、少女マンガの主人公でも、ヒーロー戦隊ものやアニメの主人公でもOKです。

君は名探偵！ ～なぞの正体を解き明かそう！～

君を名探偵と見こんでの依頼です。君は、君を困らせているヤツにどんなふうに困らされているのかな？

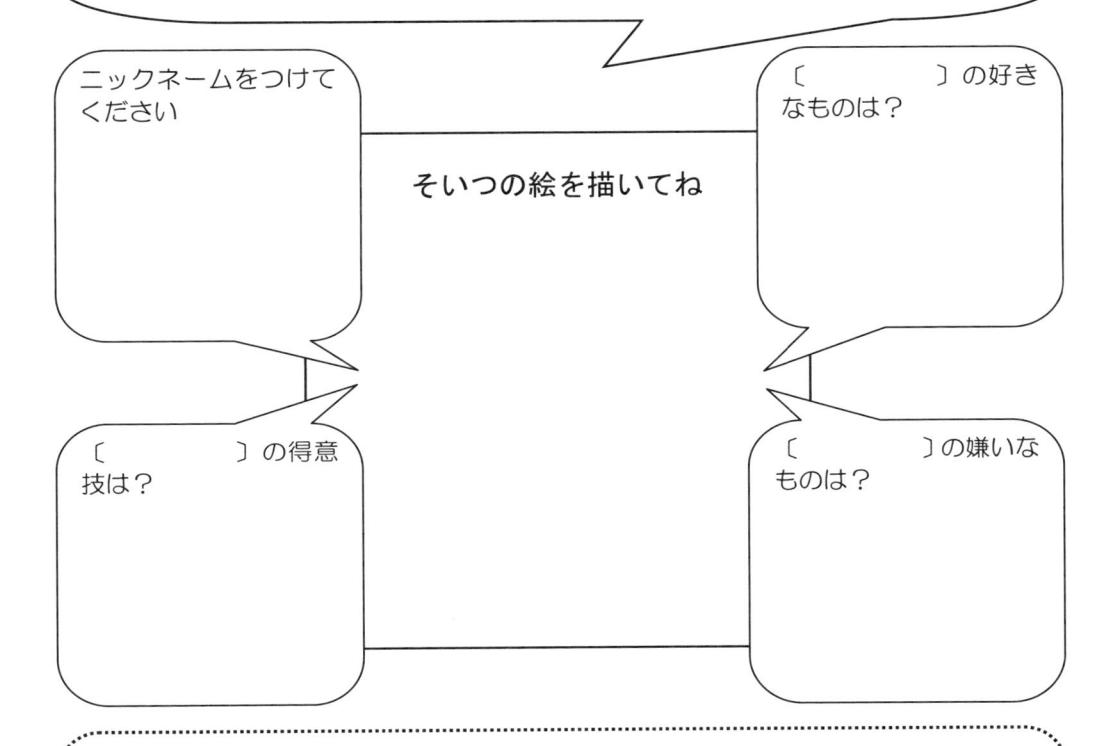

ニックネームをつけてください

〔　　　　　〕の好きなものは？

そいつの絵を描いてね

〔　　　　　〕の得意技は？

〔　　　　　〕の嫌いなものは？

〔　　　　　　〕が来ても大丈夫だったり、まあまあマシだったときは、どんなとき？

〔　　　　　　〕をコントロールできるようになった君には、どんなステキな未来があるのかな？

問題の外在化

わたしの天使＆悪魔
～客観的に楽しみながら自己内省～

平井妙子

対　　象：中学生・高校生
活用場面：個別面談・学級で集団実施

◉ このワークシートのねらいは…

　心理療法のナラティブセラピーで提唱されている問題の外在化の手法を応用したワークシートで、子どもたちは客観的に楽しみながら自己内省できます。

◉ こんなふうに使います！

　総合的な学習の時間やロングホームルームなどを使って実施します。個人面談の前に実施すると、ワークシートの記入内容を題材に面談を進めることもできます。
　また、自分の性格や行動について個別に相談に来た子どもとともにワークシートを記入していくと、自己内省を深める話をすることができます。口で表現するよりも、絵や文章で自分自身を表現するほうが得意な子に向いているようです。

◉ 留意点＆困ったときの対応のヒント

　留意点は、①ユーモアを交えて具体例を提示する、②具体的で小さなことを書かせる、③天使も悪魔も認める姿勢を心がける、です。実際に行ってみると、ほとんど記入されていなかったり、悪魔の部分に過激な内容が書かれていたりすることがあるかもしれません。そのような場合は、子どもから何かしらのサインが出ていると受け止め、本人に声かけをして話をする時間を設けるように対応します。

◉ 実践エピソード

　中学１年生のあるクラスでは、ワークシート実施後、生徒のほうから「今日は天使がたくさん来たから掃除がはかどった」とか、「昨日の夜は悪魔がやってきてしまったから宿題をサボってしまった」という発言が出たという話を担任の先生から聞きました。担任の先生はその発言を受けて、すかさず「天使をもっと増やすにはどんな工夫ができるかな？」「悪魔をおとなしくさせるにはどんな対処ができるかな？」などと返答し、ちょっとした会話の中で天使と悪魔という比喩を用いて、生徒の自己内省を深める問いかけをしたそうです。

◉ アレンジのポイント

　「クラスの天使と悪魔は？」をクラスで話し合うと、子どもたちがユーモアを交えながら、クラスの問題点や良い部分を議論できます。

わたしの天使＆悪魔

　　　　　　　　　　　　　　　　　　　　　　　　　　　組　　番 名前：＿＿＿＿＿＿＿＿＿＿

　日常生活を送る中で、自分の状態はいつも同じではありません。ある時は、楽しく、元気で、自分らしく。ある時は、悲しく、気力がなく、たまに怒っていたり・・・。なぜ、人の状態はころころ変わってしまうのでしょう？

　「魔が差す」なんて言葉があるように、もし、自分の状態に対して「悪魔」が悪さをしていたとしたら？反対に「天使」のささやきで、リラックスしたり、嬉しい気持ちになっていたとしたら？自分の周りにはどんな天使と悪魔がいて、自分を助けてくれたり、困らせたりするのでしょうか？実際にイメージしてみましょう。

【Step1】あなたの周りにはたくさんの天使と悪魔が飛んでいるとします。思い浮かぶものを1つずつ選んで、それぞれのプロフィールを書いてみましょう。

Angel
＜プロフィール＞
- 特技：＿＿＿＿＿＿＿＿＿＿
- 好きな物：＿＿＿＿＿＿＿＿＿＿
- 嫌いな物：＿＿＿＿＿＿＿＿＿＿
- 出現場所・時間帯：＿＿＿＿＿＿＿＿＿＿
- 近寄らない場所・時間帯：＿＿＿＿＿＿＿＿＿＿

名前（にっくねーむ）

Devil
＜プロフィール＞
- 特技：＿＿＿＿＿＿＿＿＿＿
- 好きな物：＿＿＿＿＿＿＿＿＿＿
- 嫌いな物：＿＿＿＿＿＿＿＿＿＿
- 出現場所・時間帯：＿＿＿＿＿＿＿＿＿＿
- 近寄らない場所・時間帯：＿＿＿＿＿＿＿＿＿＿

名前（にっくねーむ）

あなた

実際に天使が活躍してくれた時、助けてくれた時と言えば・・・（具体的に書いてみよう）

あまり良くないイメージがあるけど、それでも、悪魔がいてくれて良かったなぁと思うことと言えば・・・（具体的に書いてみよう）

【Step2】天使と悪魔の徹底分析！上手なコントロール方法を具体的に考えてみましょう。

Angel

①天使に来て欲しい時

②天使がいなくても上手くやれる時

③天使に来て欲しい時、どうやって呼ぶとよさそう？

④天使が弱っていたら、どうやって元気にする？

Devil

①悪魔が来ると困る時

②悪魔が来ても平気な時

③悪魔が来ると困る時に悪魔が来たら、どうやって対応する？

④悪魔と上手に付き合うコツは？

問題の外在化

今、何点？
～よいところ見つけのスケーリング・クエスチョン～

玉木　敦

対　　象：小学生・中学生・高校生
活用場面：個別面談・3～4人のグループ面談

◎ このワークシートのねらいは…

　教育相談週間などで初めて面談をする子どもたちは、「先生とどんな話をするのだろう」とか「何を言われるのだろう」と不安な気持ちでいっぱいになります。

　私は、"ほめほめ面接"（p.28参照）を基本に1対1での話をしますが、時には少し詳しく話したり面談をしたりすることもあります。そんなときにスケーリング・クエスチョンはとても役立つツールです。このワークシートは、スケーリング・クエスチョンを、①子どもをコンプリメントする（ほめる、認める）手段として使いたい、②小さなゴールを明確にする手段として使いたい、と考えて作成したものです。

◎ こんなふうに使います！

　個人面談やグループでの面談の際に、事前に子どもたちに配って記入してもらったり、面談の進め方がイメージできるよう子どもたちが見える位置に提示して面談を進めていきます。面談の流れによっては、いきなり3.から聞くこともあります。

◎ 実施の際の留意点

　子どもの「今の状態は何点か」をアセスメントすることに重きを置きすぎると、面談が味気ないうわべだけのものになりやすいです。このシートを使いながら、できるだけたくさんほめることを探すという態度が重要です。

◎ 実践エピソード

　CD-ROM収録の記入例は、文字（特に漢字）の読み書きに困難さを抱えていた小学校6年生男子の例です。小5で受け持ったとき、2年生くらいまでの漢字しか読み書きできませんでした。しかし、その後1年間の本人の学習意欲の高まりと家庭学習の努力には目を見張るものがあり、国語の教科書や本を読む姿が見られるようになりました。しかし、本人はスケーリング・クエスチョンで2点だと言うのです。とても意外で、私は「へー、2点なんだ」と、一瞬、次の言葉に詰まってしまいました。私が「プラス1点の3点になったら…？」と聞く前に、彼は中学校への準備として「もう少し速く書けるとプラス1点」と答えてくれました。スケーリング・クエスチョンは、子ども自身が自分の考えを表明するツールにもなるんだと気づき、驚きました。

コミュニケーション・シート（スケーリング・クエスチョン）

1．「どんな話がしたいの？」

2．「どうなればいいの？」

3．「10点満点で、今、何点？」　（　　　点）

(1) 今、○点って思うのはどうして？	(2) もう1点上がれば、どんなふうにちがうの？
(3) とりあえず何点くらいをめざすの？	

4．「○点にするのにこれからどうするの？」

5．今日話を聞いて、先生が思ったことは…。

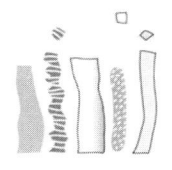

今日のわたしは何点かな？
～学習履歴図～

鈴木明美

対　　象：小学生（中～高学年）・中学生
活用場面：学級で集団実施（個別にも活用可）

◉このワークシートのねらいは…

　学習履歴図は、スケーリング・クエスチョンをベースにした、自己評価や他者評価を視覚的にとらえることができる振り返りカードです。短時間でも継続的に活用することにより、子どもたちの意欲づけを図ることができます。昨日より少しでもよくなったところを丁寧に振り返らせて、自己肯定感や自己有用感を育みます。

◉こんなふうに使います！

　事前にタイムマシン・クエスチョン等で、充実した日々を過ごしている「未来の自分の姿（未来像）」をイメージする機会を設けます。

　自分が描いた未来像を10点満点として、それに一歩でも近づくための、毎時の「具体的な行動目標」を定めます。目標は、ブリーフセラピーの「良い目標の3条件」である小さくて、具体的で、肯定的なものにするよう示唆します。

　授業の終わりに、今日の自分の取り組みを点数化します（ワークシートの該当する点数の欄を好きな色で塗ります）。「感じたこと・考えたこと」というメモ用紙を配布し、その点数になった理由や感じたこと・考えたことを書き、貼ります（メモ用紙を使わず直接シートに書かせることもあります）。また、「元気のもと」というメモ用紙は、友だちに向けての他者評価を書き込むものです（メモ用紙はCD-ROMに収録）。

　そして、教師は勇気づけとなるようなコメントを書き込みます。学習履歴図上でのコメントのやり取りにより、子どもたち一人一人と個別のつながりができます。

◉留意点＆困ったときの対応のヒント

　自己肯定感が極端に低い子や自分の頑張りやよさになかなか気づけない子には、教師からの肯定的なフィードバックが欠かせません。ブリーフセラピーの「成功の責任追及」という技法を使い、「どうしてやれたの？」「なぜうまくいったの？」「そんな大変な中でどうやったの？」と質問をしながら頑張りを評価してあげたいものです。

◉アレンジのポイント

　通常の授業だけでなく、合唱祭など行事等への取り組みの際に活用すると、自分の学習の足跡が明確になり、子どもたちは満足感や充実感を味わうことができます。

＊市川洋子氏（元千葉大学教育実践総合センター特別研究員）考案の「学習履歴図」をアレンジしたものです。

未来の自分の姿（未来像）

未来像を10点満点だとしたら 今日は何点でしたか？

	月　　日（　）	月　　日（　）
😃 10	具体的な行動目標	具体的な行動目標
9		
🙂 8		
7		
6		
😌 5		
4		
3		
😟 2		
😣 1		
0		

スケーリング・クエスチョン

★今日の自分に点数をつけてみましょう！
どうしてその点数をつけたのか、理由も書きます。
感じたことや考えたことも自由に書きましょう。

エナジーチャート

八幡睦実

対　　象：中学生・高校生・大人
活用場面：個別面談・学級で集団実施・教職員研修会・保護者会・ＰＴＡ研修会

◎ このワークシートのねらいは…

　言葉にできない漠然とした今の自分の感情や感覚をハートのスケールに色と大きさで表現し、塗り進めていくことで心が落ち着き、自分を見つめることができます。また、ハートの大きさの内容を考え、今よりさらにうまくいっている自分をイメージすることで、自分がどうしたいか、自分のできることに気づき、一歩進めることをねらいとします。

◎ こんなふうに使います！

　色を塗るだけでも心が落ち着き癒やされるので、言語表現が苦手な子どもに加え大人にもとっても有効です。

①色鉛筆を準備し、静かに心が落ち着いた状態で始めます。今の自分を客観的に見つめ、「この大きさだな……」と思ったところまで、好きな色を使って、中心の一番小さなハートから塗っていきます。

②2.にそのハートの大きさのわけ、例えば「友だちとうまくいっている」「楽しみなＴＶが見られる」「部活を頑張ってる」「テストの点数が上がった」「心が落ち着いている」「家族と出かけられる」等々を書きます。

③3.では、ハートがすでにワンサイズ大きくなったら、自分はどうなっているかの未来をイメージします。そして、今の自分と比べ、何がどう違っているかを考えます。

④4.では、ハートをワンサイズ大きくするために今の自分ができそうなことを考えます。「それはいつ頃までにできそうですか？」「いつかそうなる自信は、どのくらいありますか？」などと聞くのも有効でしょう。

⑤感じたこと、気づいたことを書いたあと、絶対に人の書いたものを悪く言ったり、からかったりしないことを確認し、数人のグループや全体でシェアリングし、お互いに拍手を送り合うとより効果的です。

◎ 留意点＆困ったときの対応のヒント

　「ハートに色を塗れない」ときは、塗れないわけを一緒に考え、3.で塗れたとしたらどうなっているかをイメージして書くといいでしょう。

エナジーチャート

1. 一番つらく落ち込んでいる最悪のときを**最小ハート**、最高にうまくいっている絶好調のときを**最大ハート**とすると、今のあなたのハートの大きさは、どのくらいですか？
  そしてそれは、何色ですか？
  「この大きさ！」と思う**ハートの大きさまであなたの心の色をぬりましょう。**

2. あなたのハートはどうしてその大きさなのですか？ **わけ**を教えてください。

3. 今のハートの大きさより、ワンサイズ**大きくなったら**どうなっていますか？ 今と、何がどう違っていますか？

4. ハートをワンサイズ大きくするために、ちょっぴりできそうなことはありますか？

5. 感じたこと、気づいたことを書きましょう。

　　　　　年　　月　　日　　　年　　組　氏名

スケーリング・クエスチョン

ハッピーレターアルバム
～自己肯定感や元気度を高めよう～

淺原雅恵

対　　象：小学生
活用場面：学級で集団実施

◉ このワークシートのねらいは…

　友だちのすばらしいところ、いいところ、がんばっているところを書き合い、先生も肯定的なメッセージを送ることで、子どもたちの自己肯定感や元気度を高めます。

◉ こんなふうに使います！

　実施する時期は、年度の後半、学級の人間関係ができてからがより効果的です。
①ハッピーレターアルバム用のカード（ワークシートの「（　　　）さんへ」とある部分と同一のもの。CD-ROMに収録）に子どもの名前のゴム印を押し、1枚ずつ切り離してカードをつくる。1人につき3枚カードが必要なので、最初にまとめてつくっておいてもよい。「ハッピーレターアルバム」ゲームをすることを予告しておく。
②朝の会で、「カードは裏返しのまま」と声をかけて、カードを裏返しで配る（本人に本人のカードが行かないように）。そして、「だれのカードが来たかは秘密ですよ。今日1日、手元のカードの人のいいところを観察してください」と伝える。
④帰る前に、「今日観察した人の、いいところ、がんばっているところをカードに書いてください」と伝え、担任に提出。3回（同じ人にならないように）繰り返す。
⑤先生は3回実施のあいだに全員のメッセージを書く。
⑥4枚カードがそろったら、ワークシートと記入済みのカードを配る。
⑦ワークシートにカードを貼り、下の欄に感じたことを書く。

◉ 実施の際の留意点

　「よくないことは書かない」ことが絶対条件です。感じたことを書いたあと、「これは、あなたの宝物です。まわりを美しく色を塗ったり絵を描いたりしましょう。大切に持って帰ってください」と伝えます。カードの形はお花型などにアレンジできます。

◉ 実践エピソード

　このワークシートは親子ともに好評で、感触のよさが伝わってきました。子どもによってはとても大切にし、いつまでも家の机の前に貼っていたそうです。このような取り組みを2～3回繰り返したところ、友だちの見方がずいぶん肯定的になりました。
＊『教室に安心感をつくる』（赤坂真二、ほんの森出版）収録のワークシートをアレンジしました。

ハッピーレターアルバム

（　　　　　　　　　　　　）

（　　　　　　）さんへ

（　　　　　　）さんへ

（　　　　　　）さんへ

（　　　　　　）さんへ

《ハッピーレターをもらって》

コンプリメント

ハートゲット
～友だち大作戦～

淺原雅恵

対　　象：小学生
活用場面：学級で集団実施

◉ この掲示物のねらいは…

「学級目標」や「めあて」を達成・具現化するために使います。

◉ こんなふうに使います！

ここでは「友だち大さくせん」としましたが、タイトルは自由です。ぴったり合うタイトルに変更するといいと思います。
①学級目標について、生活面と学習面との両面から話し合います。そして、その実現のためには「友だち度（なかま度）」を一致団結して上げていくことが必要であることを確認。
②「友だち度（なかま度）」について、0を全然ダメ、10を完璧として今はどれくらいか、スケーリング・クエスチョンをします。なぜその数字なのかも尋ね、コンプリメント。
③みんなで一致団結して数字を上げていくことを約束します。
④一致団結して何かができたらハートを1つゲットし、ゲットできたことをみんなで喜びます。教室の掲示コーナーにハートを貼っていきます。

ハートをゲットできる内容は、「だまって集中して作業した」とか「けんかをしないでクラス遊びができた」など、子どもと話し合って進めます。生徒指導が困難な学校では、「全員着席して45分の授業を受けた」というような当たり前のこともハートゲットの対象にできます。このような視点が、この取り組みの優れている点です。

◉ 実践エピソード

ハートゲットのたびに教師と子どもたちはともに喜びます。それを100回も繰り返すのです！　ハートが10とか20とか、きりのいいところで「宿題1個減らし」などのご褒美を出すと、もっと頑張ろうという雰囲気になります。ある2年生男児は、「こんなのありえん！」と目を輝かせて喜んでいました。

この取り組みをしていると、その集団の中にいることの心地良さが味わえ、学校が楽しくなります。保護者にも喜ばれ、3月が終わるころには教師としての醍醐味を味わうことができます。筆者は9月にスタートし3月26日に100個を突破。お祝いをして終了しました。

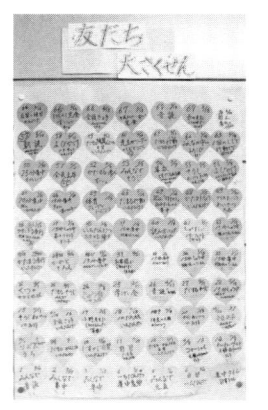

＊ハートの右上に日付を入れます。色紙にプリントアウトしたり、拡大してもいいでしょう。

コンプリメント

コンプリメントシャワー

八幡睦実

対　　象：中学生・高校生・大人
活用場面：学級での集団実施・教職員研修会・保護者会・ＰＴＡ研修会

◎このワークシートのねらいは…

　他者の良いところを見つけ、お互いが認め合い、思いやる関係づくりを促進します。また、他者理解を手がかりに安心感や自己肯定感を高めます。他者からポジティブなフィードバックをもらうことで、自分自身に対する認識が変わり、自分も他人をも尊重し大切に思う心を育むことをねらいとします。

◎こんなふうに使います！

①最小２人から最大６人のグループをつくり、静かに心が落ち着いた状態で始めます。

②自分の名前を書いたら、右となりの人へ用紙を回します。

③批判や悪口など相手が傷つくことは絶対書かないことを約束します。１つの円の中に、用紙の名前の人の良いところ、頑張っているところなどを見つけてプレゼントする気持ちで書きます。最後に自分の名前を書きます。

④１人の持ち時間は３～６分ほどで、合図で右の人へ用紙を回します。グループ全員が書き終わり、自分の名前の用紙が自分のところに戻ってきたらそこで止めます。

⑤書いてくれたことをゆっくり読みます。読み終わったら、良いところをプレゼントしてもらって自分が感じたこと、気づいたこと、新しい発見などを一番下の欄に書きます。

⑥良いところを人にプレゼントして感じたこと、気づいたこと、人からプレゼントされて感じたこと、気づいたことをグループや全体でシェアリングし、お互いに拍手を送り合うとより効果的です。

◎留意点＆困ったときの対応のヒント

　書けない人がいるときは、どんなに小さなことでもいいことを伝え、ヒントを与えたり一緒に考える等の支援をするといいでしょう。

◎実践エピソード

　ほめられる機会が少ないお母さん方が参加する保護者会やＰＴＡ研修会などでは、その場が大変盛り上がり、お母さん同士の懇親や信頼関係が深まり、その後の活動に大変有効でした。

コンプリメントシャワー

[　　　　　　　　　　　]さんへ

1．自分の名前を書きます。
2．コンプリメントシャワーの用紙を右となりの人へ渡します。
3．ひとつの円の中に、名前の人の「良いなあ」「頑張っているな」「かっこいい・すてきだな」「すごいな」「こんなことできているな」などと思うことを書き、そう思った理由も書けたら書いてください。最後に、自分の名前も書きましょう。
4．書いたら、右となりの人へ紙を渡します。グループの人全員がメッセージを書き終わり、自分の名前の用紙が自分のところに戻ってきたらそこで止めます。

どんなことが書いてあるでしょう？

友達に書いてもらって感じたこと、気づいたこと、新しい発見などを書きましょう

コンプリメント

Part 2　やってみよう！　ワークシートでブリーフセラピー

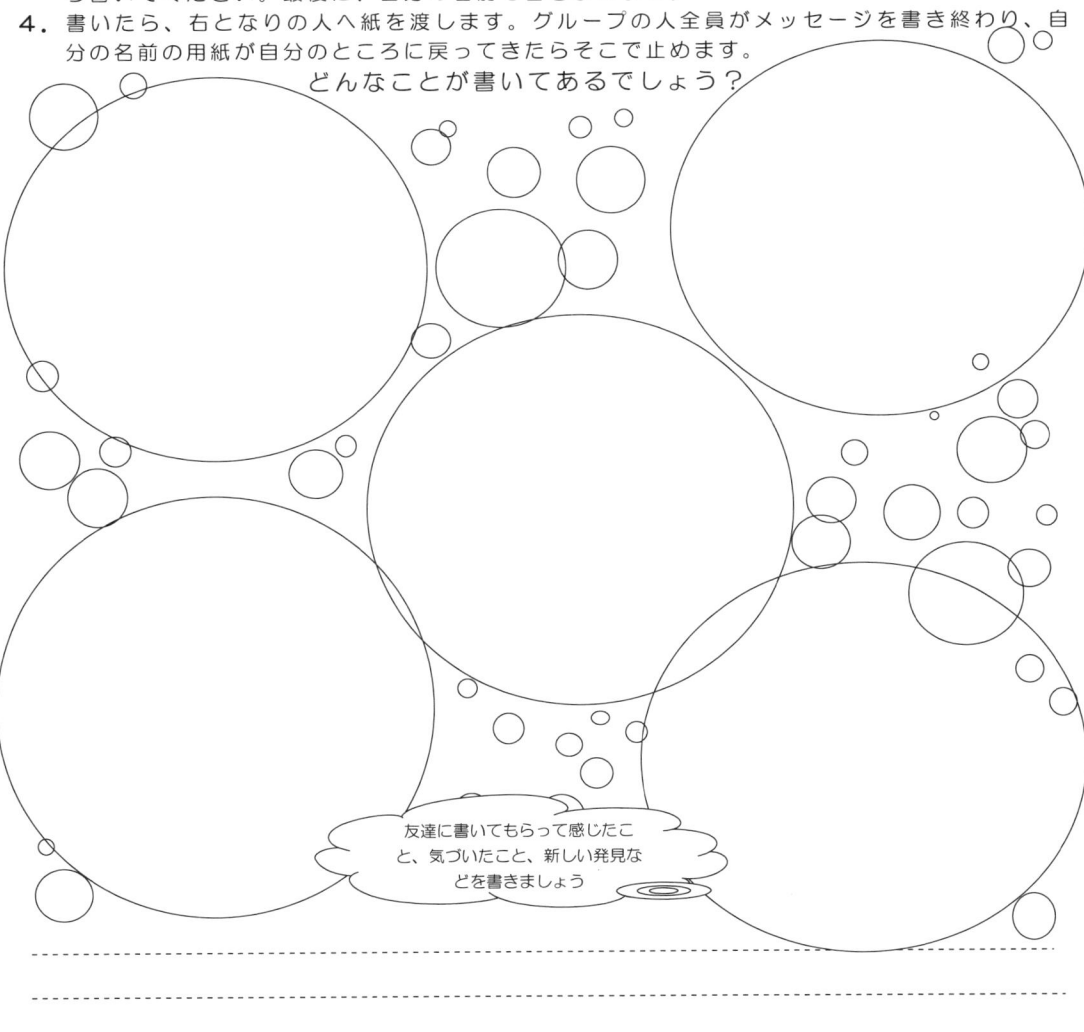

「例外」の集団観察
～状況観察表と行動傾向集約表を使って～

黒沢幸子

対　　象：教職員・スクールカウンセラー・相談員（・保護者）
活用場面：事例検討会・教職員研修会・生徒指導（教育相談）部会・学年会

◉ このワークシートのねらいは…

　子どもへのよりよい対応を見出すためには、「問題」の生起場面だけでなく、「例外」（少しでもうまくやれているとき、ましなとき、続くといいこと）の生起場面にも注目する必要があります。例外は、日常のささいな状況に隠れているため、多くの目で観察することで、より多く見つかります。ここでは、例外と問題の両者の生起場面を、教職員皆で観察して集約し、適切な対応指針を見出す方法を示します。

◉ こんなふうに使います！

1．対応を見出す必要のある子どもを特定し、教職員皆でワークシートを用いて対象の子どもを一定期間観察し、それを集約して検討することを周知します。
2．期日までの2週間程度の間、各自が状況観察表を用いて、①その子どもの「例外」が生起したときの前後の状況やその子へのかかわりを観察し、「どんなとき⇒どう接したら⇒どうなった」のかについて、できるだけ多くの状況を記録します。
3．上記2.と同様、②問題が起こったときについても観察し、具体的に記録します。
4．期日が来たら、教職員皆から全員分の状況観察表を回収し、それを集約表（CD-ROMに「行動傾向集約表」として収録）にまとめます。どんな場面で、どのような状況やかかわりがあると、その子どもの状態が良いのか、悪いのかについて整理し、事例への共通理解を図り、対応指針を見出します。

　子どもの問題行動への理解と対応について、教職員が真っ二つに割れていた学校でも、この取り組みにより教職員間で対応指針が共有され、子どもの安定につながった事例が多くあります。

◉ 留意点＆困ったときの対応のヒント

　問題行動が顕著な子の「良い状態」を見つけることに、困難や抵抗を覚える方も少なくないでしょう。うまくいっている状態を見つけようと考えるよりも、表情が少しいいといった、「少しましな状態」に注目するよう提案するのがコツです。

◉ アレンジのポイント

　保護者用にアレンジして、家庭場面での観察を提案し、学校での観察記録と合わせて、よりよい対応の方向性を保護者と共有することも有益です。

状況観察表

_____年_____月_____日

先生方へ

_____委員会

　教職員研修会のために事例をまとめます。教室内のことに限らず教室以外のことでも、どんなことでもかまいません。下記に記入して、___月___日までに提出していただけますよう、ご協力ください。（かかわりがまったくなかった場合は「なし」と記入）

| 状況観察の対象： | 　年　　組 |

① その子が"少しでも優しい表情をしたとき"の前後にあったことや、先生（ご自身や他の先生）や周りの子のかかわりをよ〜く観察して、記入してください。

どんなとき　⇒	どう接したら　⇒	どうなった

② その子が問題行動を起こしたときの前後にあったことやかかわりについて

どんなとき　⇒	どう接したら　⇒	どうなった

校内研修

解決志向支援会議のすすめ
~解決づくりシートを使って~

玉木　敦

対　　象：小中高校の教職員
活用場面：職員会議・教職員研修会

◎ このワークシートのねらいは…

　事例研究会（ここでは支援会議と呼びます）をするときに、事例提供者の役に立ちそうな情報を聞き取ったり、考えをまとめたりする際の手助けとなるワークシートです。

　CD-ROMに「解決志向支援会議のすすめ（事例研究の手引き）」を収録していますので、あわせてご覧いただくとわかりやすいと思います。

◎ こんなふうに使います！

　解決志向支援会議では、事例提供者によって問題の概要やニーズが語られます。参加者は、ワークシートに、問題点に目を向けず「すでにできていること」や解決づくりに役立ちそうな情報を書き込んでいきます。

　書き込みのポイントは、「事実」と「自分が思ったこと・考えたこと」を分けて書き込んでいくことです。

◎ 留意点＆困ったときの対応のヒント

　支援会議は、ケース提供者がもっとも利益を得るように留意したいものです。この点について、はじめにみんなで確認しておくことがポイントの1つです。提案者の問題点を指摘したり、子どもの問題点を指摘したりする会では意味がありません。

　参加者の質問や意見が問題点に注目した内容になることがあります。司会者は、意見を否定するのではなく、そういう発言をした参加者の願いや思いに目を向け、質問（例えば「先生がそう思われたのは、どんなふうになってほしいと思われたからですか」）を投げかけてみることも必要です。

◎ 実践エピソード

　CD-ROMに収録した記入例では、小学校3年生の子がインフルエンザで欠席したことをきっかけに休み始めた事例を取り上げています。事例を見る際の「解決志向的見立て」の研修も兼ねて行ったのですが、実際に担任の先生が涙ぐまれるシーンがあり、参加者みんながなんとかお手伝いしたいという気持ちが高まった、とても前向きな支援会議になりました。

解決づくりシート

★ 使える「ひと」「もの」「こと」をさがそう。

○ 家庭、保護者	○ 地域・専門家・外部機関

○ クラス、友達	<解決したいこと>	○ 学校、職員

○ 本人のよさ	◎ 相談者のよさ

<メモ>

校内研修

リソースを活かした事例検討
～協働的なチーム支援のために～

能戸威久子

対　　象：小中高校の教職員
活用場面：児童生徒理解の会・生徒指導（教育相談）部会・学年会など

◉ このワークシートのねらいは…

　児童生徒や学級担任などの肯定的な側面に着目し、リソースを支援の手がかりとして事例検討を行います。教職員同士や家庭との協動的なチーム支援ができます。

◉ こんなふうに使います！

①事例提供者が、事例を発表します。　　　　　　　　　　　　　　　…5分
②支援の手がかりとなるリソースを見つけるために、質問をします。　…10分
③参加者各自が支援の手がかりとなるリソースを付箋紙に書きます。　…5分
④それぞれ付箋紙を出し合ってまとめ、リソースの整理をします。　　…5分
⑤具体的で実行可能なできるだけ小さな支援目標を決めます。　　　　…10分
⑥それぞれのリソースを活かした実践可能な支援策を考えます。　　　…15分
⑦支援策の分担を確認し、その振り返りをする日時を決めます。　　　…5分
　時間は目安ですが、短時間で行うためには時間を区切ることが大切です。

◉ 実施の際の留意点

　リソースが多く見つかるように質問をし、情報のある人が答えます。ただし、質問時間以降に追加の質問をしたくなっても、後戻りはしません。学級担任や学校・友人、家庭などのリソースをたくさん見つけると、幅広い支援策を考えることができます。
　支援目標は、学校側の立場で考えます。支援目標や支援策はスモールステップで、本人の行動変容が起こりやすいように様々なリソースを活かしながら工夫します。

◉ 実践エピソード

　肯定的な側面を話し合うので、安心して事例を提供することができました。また、多様な立場からの情報を共有でき、児童生徒理解も深まりました。さらに、役に立つ支援策が満載で、他の先生方の協力も得やすく、実践への意欲も高まりました。

◉ アレンジのポイント　＊CD-ROMには記入欄の広い2ページのシートも収録

　事例検討表の部分を拡大コピーすると、付箋紙を貼りやすいです。また、本人の欄を学級や部活動、家庭の欄を保護者とすれば、集団に対する事例検討にも使えます。

リソースを活かした事例検討シート

1　事例の概要　（　）年（　）組（　　）番　名前（　　　　　　　　　　）

　(1) 主訴および問題点

　(2) これまでの指導の経緯

　(3) 背景

　　① 本人について

　　② 家庭について

　　③ その他

2　事例検討表　　　　　　　　　　実施日：（　　）月（　　）日（　　）曜日

支援目標		
	手がかりとなるリソース	事例への支援策
学級担任		
学校・友人		
本　人		
家　庭		
その他		

3　支援の振り返り

　　【日　　時】（　）月（　）日（　）曜日　（　）時〜（　）時
　　【場　　所】
　　【メンバー】

校内研修

ミニ・カウンセリングシート
～いろんなことを整理しよう！～

猪井淑子

対　　象：小学生（高学年）・中学生・高校生・保護者
活用場面：個別面談

◯ このワークシートのねらいは…

相手の解決力や元気を引き出しながら、悩みや困っていること・気になることについて整理し、解決像を構築していくことと行動目標を立てることがねらいです。

◯ こんなふうに使います！

気になる子どもに「話したいことがあったら聞くよ」と声をかけ、目の前で本人に見えるように記入しながら使います。あとでこのシートは本人に渡すので、嫌なことはポイントのみ、うまくいったこと・良かったことは具体的に記入します。視覚優位の子に効果的でもあるし、あとから読み返せるという点でも役立ちます。

次のような言葉かけや観点で会話を進めていくといいでしょう。

元気の素：「休日はどんなことをしてる？」「どんなことをすると元気になる？」などと、好きなこと、得意なこと、うまくやれること、してみてよかったことを聞きます。また、「どんな工夫をしたの？」「どんなふうにしたのか教えて」「コツは？」など、成功原因を探る質問をするとさらにいいでしょう。

気になること：問わなくても相手が話してくれることが多く、聴いて受け止め、"繰り返し"はしないで、リフレーム（否定的な思いを肯定的にとらえ直す）できるときはします。

発見・気づき：「話すうちに気づいたことは？」「こんないいところがあるね」などと声をかけながら、本人の気づきのみならず、こちらが気づいた相手の力や過去の成功例なども伝えます。

どうなっていたい？：具体的な映像イメージが共有できるように会話を盛り上げます。「今、そのイメージはどれくらいかなっている？」「他にやれそうなことは？」。

◯ 実践エピソード

このワークシートは、保護者面接を続ける中で生まれました。あるお母さんが「次の面接までの間、面接後のメモを頼りに過ごしていました。今日は、面接がスムーズに進むように、今日までのことをまとめてきました」と言われて、そのメモを見せてくれました。それは見事なまとめ方で、それを基にしてこのワークシートを作成しました。

特に面接の初心者にこのワークシートは好評です。

☆ミニ・カウンセリングシート☆
〜いろんなことを整理しよう！〜

気になること

元気の素

発見・気づき

どうなっていたい？

その他、おすすめシート&カード！

カードを引いて答えて、ソリューション
〜ソリューション・カード〜

半田一郎

対　象：小学生（高学年）・中学生・高校生
活用場面：親子同時面談・個別面談

◯ このカードのねらいは…

　一番のねらいは、楽しくソリューション（解決）を構築していくことです。解決志向の面接はもともと楽しいものですが、カードを引くことで、もっと楽しくなります。

◯ こんなふうに使います！

　カードを1枚選んで、その質問に答えるという使い方をします。使い方は自由です。おすすめは、親子同時面談など何人かいる場面で使うことです。カードゲームをするように、みんなでソリューションに向かってやり取りを重ねていくことができます。
　もちろん個別面談でも使用できます。停滞気味の場面で使うと変化のきっかけになります。このカードは入り口です。ソリューションを膨らませ明確にしていくために、質問を重ね、カードをどんどん引いて答えていくといいと思います。同じ質問が出てきても、「さっきも答えを聞いたけど、もっと教えて」などと回答を促します。

◯ 留意点＆困ったときの対応のヒント

　このカードの質問は、汎用性を持たせる言い回しになっています。わかりにくい質問は意味をわかりやすく説明してください。また、質問の内容が事前にわからないため、秘密を暴露されるような不安を感じる子どももいます。事前にざっと質問項目を見せたり、ゲームのように「パスは何度でもOK」などと保証することも重要です。

◯ 実践エピソード

　子どもが楽しんでくれることが多く、どんどんカードを引くので「もうないの？」ということもあります。カードゲームのように「じゃあ次は先生の番ね」と子どもから促されることもあります。こんな場面でも問題を語らなくていいので、自分のソリューションを語ることもできます。

◯ アレンジのポイント

　ドミニク・ゴダット氏考案のランダムアクセスカードに触発されて作成。気づきにつながってほしいという願いを込めて「ASoCCa（あっ、そっか）」と呼んでいます（Available Solution Creating Cards）。CD-ROMのデータをカラーで両面印刷し、1枚ずつ切り離して使ってください。裏面をいろいろな絵や写真にするのもおすすめ。

ソリューション・カード ASoCCa

今よりも、ほんの少しだけ状況が良くなったときには、あなたは今と違ってどんなことをしているでしょうか？ ASoCCa	問題がすっかり解決してしまったら、あなたの生活はどこがどんなふうに違っていますか？ ASoCCa
ほんのちょっとはＯＫだと思うときって、どんなことが起きていますか？そのとき、あなたはどんなことをしていますか？ ASoCCa	この２〜３日の間にあったことのなかで、今日とか明日とかにも、「あるといいなぁ」と思うようなことってどんなことですか？ ASoCCa
もし、問題がすっかり解決したようなフリをするとしたら、あなたはどんな行動をしますか？ ASoCCa	もうすべてがすっかりＯＫだとしたら、あなたの身近にいる人（友達・家族）は、どんなことからそのことに気づくでしょう？ ASoCCa
もうあと１歩だけで、すべてがすっかりＯＫになるとしたら、その最後の１歩は、どんなことでしょうか？ ASoCCa	今よりも、たった１歩だけ状況が良いときには、あなたはどんなことをしていましたか？ ASoCCa
あなたの身近にいる人が、問題がかなり解決したと思う頃には、あなたはどんな行動をしているでしょう？ ASoCCa	あなたの問題がすっかり解決したら、あなたは１日をどんなふうに過ごしますか？ ASoCCa

その他、おすすめシート＆カード！

問題がこれ以上ないほどひどかったときには、あなたはどんなふうにして、そのひどい状況を乗り切ったのですか？ 　　　　　　　　　　　　ASoCCa	最悪を０点、最高を１０点として、今は何点でしょう？ 「○○だから、□点」のように、わかりやすく理由を教えてください。 　　　　　　　　　　　　ASoCCa
もうすっかりすべてが良くなったとしたら、そのときのあなたは、今のあなたに、どんなアドバイスをしてくれるでしょうか？ 　　　　　　　　　　　　ASoCCa	すべてが最悪の状況だったときのあなたに、今のあなたからアドバイスをするとしたら、どんなアドバイスをしますか？ 　　　　　　　　　　　　ASoCCa
すべてがすっかり解決して、すべてうまくいっているあなたを、今のあなたから眺めたら、今とどこが違って見えるでしょうか？ 　　　　　　　　　　　　ASoCCa	今、困ったことがあったり、大変だったりしていても、いろいろとがんばっていますね。そのコツは何ですか？ 　　　　　　　　　　　　ASoCCa
最悪を０点、最高を１０点として、今は何点でしょう？　そして今よりも１点だけ良くなったとしたら、あなたは何をしていますか？ 　　　　　　　　　　　　ASoCCa	今よりもほんのちょっとだけ良くなったとき、今のあなたにアドバイスをするとしたら、どんなアドバイスをするでしょうか？ 　　　　　　　　　　　　ASoCCa
あとほんの少しで最高の状況になるとしたら、どんなことが起きると、最高の状況になるでしょうか？ 　　　　　　　　　　　　ASoCCa	他のことはすべて普段どおりだけれど、悩みや困りごとだけすっかり消えてしまったら、どんなことをしていますか？ 　　　　　　　　　　　　ASoCCa

カードを引いて、そいつを見つけよう
～外在化カード～

半田一郎

対　　　象：小学生（高学年）・中学生・高校生
活用場面：親子同時面談・個別面談

◉このカードのねらいは…

　問題の外在化のアプローチは大変強力なものですが、うまく活用するには、ある種のノリが必要です。教員やカウンセラー側に気恥ずかしさや気後れがあると、子どもたちは乗ってきてくれません。カードを使うことで、外在化のアプローチにすんなり入っていくことができます。

◉こんなふうに使います！

　問題行動や症状を「不思議な存在」のしわざだと説明します。まず、その不思議な存在の呼び方（名前）を子どもに考えてもらいます。できればユーモアを込めた名前を見つけることができるといいと思います。「カードを使ってそいつの正体を突き止めよう」と投げかけ、カードを1枚ずつ引いて、質問に答えていきます。

◉留意点＆困ったときの対応のヒント

　中高校生になると、一般的・常識的な思考に縛られがちで、質問への答えも「私がきちんとすればいい」などという反応が生じることがあります。「ほかには？」などと質問を重ねたり、「きちんとしてると、そいつは、どうなるの？」などと、外在化を保つように質問を工夫することも重要です。また、子どもが名前を思いつかない場合もあります。そんなときは、そこにこだわらずに、そのままカードを引いて質問に答えていきます。そのうちに自然に名前が見つかることもあります。

◉実践エピソード

　A君はカードを使って、大好きなアニメのヒーローが必殺技で「寝ぼう虫」をやっつけてくれることを発見しました。そのヒーローのフィギュアを枕元に置いておくと、朝、ヒーローの必殺技ですっきりと目覚めてくるようになりました。

◉アレンジのポイント

　楽しい雰囲気やいつもと違う雰囲気を演出するために、カードのデザインを工夫することは大切です。「そいつ」を発見してほしいという願いを込めて「SoItUCa（そいつか）」という名前をつけました（So, It yoU Cards）。CD-ROMのデータをカラーで両面印刷し、1枚ずつ切り離して使います。裏面のアレンジもおすすめです。

外在化カード SoItUCa

そいつの元気がなくなるのは、どんなときでしょうか？ SoItUCa	そいつが元気になるのは、どんなときでしょうか？ SoItUCa
そいつがやってくると、あなたにはどんな困ったことが起きますか？ SoItUCa	そいつがやってくると、あなたの周りの人には、どんな困ったことが起きますか？ SoItUCa
そいつの好物は何ですか？ SoItUCa	そいつの弱点は何ですか？ SoItUCa
そいつを元気にさせる言葉は、どんな言葉ですか？ SoItUCa	そいつの元気をなくす言葉は、どんな言葉ですか？ SoItUCa
そいつが、あなたの言うとおりにするとしたら、どんな良いことがありますか？ SoItUCa	そいつがいることで、あなたがほんのちょっとだけ得をすることは何ですか？ SoItUCa

そいつの味方は、 どんなヤツですか？ 　　　　　　　　　SoItUCa	そいつの天敵は、 何でしょうか？ 　　　　　　　　　SoItUCa
そいつが、 あなたの味方になるとしたら、 どんな良いことがありますか？ 　　　　　　　　　SoItUCa	そいつが、 いなくなってしまったら、 どんな良いことがありますか？ 　　　　　　　　　SoItUCa
そいつをやっつける 必殺技は何ですか？ 　　　　　　　　　SoItUCa	そいつを困らせるには、 あなたはどんなことを すればよいでしょうか？ 　　　　　　　　　SoItUCa
そいつを喜ばせるには、 あなたはどんなことを すればよいでしょうか？ 　　　　　　　　　SoItUCa	そいつを追い払うには、 どんなことが 役に立ちますか？ 　　　　　　　　　SoItUCa
そいつを弱らせるには、 どんなことが 役に立ちますか？ 　　　　　　　　　SoItUCa	そいつの苦手な人や物は、 何ですか？ 　　　　　　　　　SoItUCa

解決を導くコンサルテーション
～学校コンサルテーション11ステップ・モデル～

黒沢幸子

対　　象：スクールカウンセラー・特別支援教育などの相談員・養護教諭・教員
活用場面：教員からの事例相談・チーム支援会議・学年会・事例検討会・保護者面接

◯このワークシートのねらいは…

　先生方は一人でがんばらなくていい。学校にいる様々な専門家や他の教員（例えばスクールカウンセラー、特別支援教育の専門家、養護教諭など）の力をうまく借りて、作戦会議をもちつつ、相互に対応に活かしていく。コンサルテーションはそのためにあります。

　コンサルテーションとは、異なった専門性や役割をもつ者同士が、子どもの問題状況について検討し、今後の援助のあり方について話し合うプロセス（作戦会議）です。例えば、担任が不登校の生徒についてスクールカウンセラーに相談し、専門的情報や示唆を得て、子どもへの理解や対応方針を見出していく場合がそうです。

　コンサルテーションの目的は2つあります。1つは、"現在"の事例対応を効果的に行えるようになること。もう1つは、その経験を通して"将来"の対応能力を増進させることです。つまりコンサルテーションは、単なる指導や助言とは異なり、コンサルティである先生のリソース（資源・持ち味）を活かし、具体的な対応方針（目標や役立つアクション）を得ることで、成功体験を積み自信をつけてもらうことが重要になります。これは、解決志向の考え方や方法と共通しています。

　ここでは一人でも多くの方が学校場面で役立つコンサルテーションが実践できるよう、コンサルテーションの手順を11ステップで示した便利なモデルを紹介します！

◯こんなふうに使います！

　コンサルタント（カウンセラーなど）が、ワークシートのステップの順に進めます。

1．事例の問題状況の把握

　〈step 1〉では、まず事例の「外枠」をつかみます。事例の具体的なイメージをつかみ整理するために、外枠情報や問題を一言で表現してもらいます。〈step 2〉では、「経緯」を確認し、流れをつかみます。かかわりはじめから現在までの状況と、流れの方向性（良い、悪い、膠着）を知ります。

2．事例の肯定的側面の把握

　〈step 3〉では、事例の内外の「リソース」、〈step 4〉では、事例の「例外」（少しでもうまくいっていることなど）を、なるべく多く引き出します。

3．コンサルティ（事例の相談者である教員など）に関する情報の把握

　〈step 5〉は、事例対応のなかで「うまくいったかかわり」と「うまくいかなかっ

たかかわり」を整理します。〈step 6〉は、コンサルティの内外の「リソース」を整理します（リソースは事例から離れた内容でもかまいません）。事例とコンサルティのリソースの掛け合わせが、有効な対応を生みます。

4．これからについての話し合い

〈step 7〉は、あらためてコンサルティの「ニーズの把握」をします。"今日、ここでどんなことが話し合われたらよいか？"について確認します。〈step 8〉は、「ゴール」についての話し合いを行います。"取りあえず、（事例が）どうなればよいのか？"という事例の状態像、「変化の兆し」といえるような「短期目標」について話し合い、また、それが"いつまでに起ればよいか？"についても検討します。ここでは、良いゴールの3条件として、①より小さくて、②具体的、③「～をしない」ではなく「～をする」という肯定的な表現になるように、ゴールを検討します。このステップが1つの山です。〈step 9〉は、ゴール達成のために「役立ちそうなこと」について、〈step 6〉までの情報をヒントに、コンサルティからアイデアを引き出します。

5．対応方針の提案

〈step10〉は、事例とコンサルティ双方について「肯定的な評価」や労<small>ねぎら</small>いを伝えます。これからの対応のために、自信をもち、モチベーションを高めてもらうことが重要です。〈step11〉は、今までのステップをすべて踏まえて「具体的な対応方針」や"こうするといい"という課題を提案します。そのために、その対応方針を支持する「理由」を伝えますが、その際、コンサルタントの専門性（心理、特別支援教育、精神保健など）を発揮するとともに、コンサルティの役割を踏まえつつ、納得しやすい形で表現することが役立ちます。

具体的な提案をした後、その提案が"できそうかどうか？"と"役立ちそうかどうか？"を尋ね、両方が肯定されたらコンサルテーションは終了します。もしどちらかが否定されたら、両方が肯定される提案が見つかるまで別の提案をし直します。

◉留意点＆困ったときの対応のヒント

初心者の方は、できるだけこのステップの順に行うことをおすすめします。慣れてくれば、状況に応じてステップの構成要素が含まれるように行えばいいでしょう。

◉実践エピソード

11ステップのコンサルテーションを用いて事例検討会を実施したときのことです。ある先生から、「自分の力のなさや限界を感じて思い詰めていたところ、『また今日からがんばろう！　子どもたちと一緒に成長したい』という気持ちに変わりました」とフィードバックをいただきました。

◉アレンジのポイント

この11ステップは、保護者面接にも有効に利用できます。保護者も子ども対応をともに考える、異なる立場の専門家です。ぜひ、お試しあれ！

★学校コンサルテーション11step★　　【コンサルタント：　　　　　　　　　　】

□	step 1	ケースの外枠

□年齢・学年：

□性別：

□家族構成：

□外見的特徴：

□見た目：

□問題を一言で表すと？：

□コンサルティ(相談者)の立場：

□	step 2	経緯（かかわりはじめから現在までを時系列で、手短に）

⇒　それは　□良い方向　□悪化している　□膠着状態　→提案に関連する

□	step 3	ケースのリソース（資源・資質：得意なこと、興味関心、強み、売り、特徴／友人、家族、先生、親戚、知人、外部機関等）

□内的リソース5つ：

□外的リソース5つ：

□	step 4	ケースの例外：問題が起こらないで済んだとき、少しでもうまくやれているとき、ましなとき(なるべく多く引き出す)

□	step 5	コンサルティのかかわりの中で、うまくいったかかわり、うまくいかなかったかかわり

□うまくいったかかわり：

□うまくいかなかったかかわり

76

| | step 6 | コンサルティ内外のリソース（趣味、特技、落ち着くときやものは？／友人、支えてくれる人等）
ケースにかかわりのないリソースもＯＫ　リソースは方針や課題に関連する |

☐内的リソース：

☐外的リソース：

| | step 7 | ニーズの把握："今日、ここでどんなことが話し合われたらよいか" |

| | step 8 | ゴールについての話し合いや検討："取りあえず、どうなればよいのか？""いつまでに起ればよいか？"
良いゴールの３条件：小さくて、具体的で、肯定的な行動（スケーリング[10段階評価]の質問を利用可） |

| | step 9 | ゴール達成のために役立ちそうなことは何か（コンサルティから引き出すこと） |

| | step10 | 肯定的なフィードバック：評価、労い（ケース＆コンサルティに対して、方針や課題を出す前に改めて肯定的評価が大事） |

| | step11 | 理由を伝え、方針や課題を出す
（コンサルティに対して具体的な提案を出す、専門知識の提供も役立つ）（＊それはできそうか？ Yes→それをすることは役に立ちそうか？ Yes→終了　Noの場合はYesになるまで、提案を検討し続ける） |

監修：KIDS カウンセリング・システム（森・黒沢）　design:Natume,O.

その他、おすすめシート＆カード！

おわりに

　本書をご利用いただいた読者の皆様の感想が、「こんな本が欲しかった！」であったならば、うれしいです。ブリーフセラピーの考えや方法、さまざまなワークシートが、皆様の実践を刺激し、少しでも役立つものであったら喜びです。

　そして、さらに読者の皆様が実践する中でうまくいったことや活用例、またワークシートの智恵や工夫について、どんどん教えてください。ぜひ、ほんの森出版の編集者小林さん宛てにそれらを寄せてください。

　「もっとこんな本だったら役に立つ！」「こうだったら、どんなにいいだろう？」と、さらに進化した解決像を描くことで、それがまた実現していきます。この本が、第2弾、第3弾と展開していくことも素敵な解決像です。今度は皆様が、ワークシート欄の分担執筆者となってくださいね。（小林さん、編集に感謝！）

　学校教育現場のよりよい実践のために、本書が進化し続けることを願っています。

　　2012年5月　　　　　　　　　　　　　　　　　　　編著者　黒沢幸子

【参考文献】

Berg, I.K.（1994）Family Based Services : A Solution-Focused Approach, W.W. Norton, New York.（磯貝希久子監訳『家族支援ハンドブック』金剛出版，1997年）

Davis, T.E. & Osborn, C.J.（2000）The Solution-Focused School Counselor : Shaping Professional Practice, Taylor & Francis.（市川千秋・宇田光監訳『学校を変えるカウンセリング―解決焦点化アプローチ』金剛出版，2001年）

de Shazer, S.（1985）Keys to Solution in Brief Therapy, W.W. Norton, New York.（小野直広訳『短期療法―解決の鍵』誠信書房，1994年）

児童心理編集委員会編（2012）『学校と子どもを活かすブリーフセラピー―解決志向の実践』児童心理2月号臨時増刊（945号），金子書房

黒沢幸子（2008）『タイムマシン心理療法―未来・解決志向のブリーフセラピー』日本評論社

黒沢幸子（2002）『指導・援助に役立つスクールカウンセリング・ワークブック』金子書房

宮田敬一編（1994）『ブリーフセラピー入門』金剛出版

宮田敬一編（1998）『学校におけるブリーフセラピー』金剛出版

森俊夫・黒沢幸子（2002）『〈森・黒沢のワークショップで学ぶ〉解決志向ブリーフセラピー』ほんの森出版

Murphy, J.J. & Duncan, B.L.（1997）Brief Intervention for School Problems : Collaborating for Practical solutions, Guilford Press.（市川千秋・宇田光監訳『学校で役立つブリーフセラピー』金剛出版，1999年）

O'Hanlon, W.H.（1987）Taproots : Underling Principles of Milton Erickson's Therapy and Hypnosis, W.W. Norton, New York.（森俊夫・菊池安希子訳『ミルトン・エリクソン入門』金剛出版，1995年）

White, M. & Epston, D.（1990）Narrative Means to Therapeutic Ends, Dulwich Centre Publications.（小森康永訳『物語としての家族』金剛出版，1992年）

Young, S.（2009）Solution-Focused Schools : Anti-Bullying and Beyond, BT Press, London.（黒沢幸子監訳『学校で活かすいじめへの解決志向プログラム』金子書房，2012年）

【編著者紹介】

黒沢　幸子（くろさわ　さちこ）

目白大学人間学部心理カウンセリング学科　同大学院心理学研究科臨床心理学専攻特任教授
上智大学卒業後、同大学院を修了（修士）。臨床心理士・公認心理師。スクールカウンセラーとして豊富なキャリアをもち、公立私立学校のスクールカウンセリングに精通する。子どもと大人、学校の力を活かし元気にするリソースフルな支援（研修、相談）を、解決志向ブリーフセラピーをバックボーンに開発・実践研究し、全国の先生方と協働し学び合いながら展開している。日本ブリーフサイコセラピー学会、日本コミュニティ心理学会、日本ピア・サポート学会では理事を務める。KIDSカウンセリング・システムにて、1998年からブリーフセラピーの研修会を継続。

[主な著書]
『〈森・黒沢のワークショップで学ぶ〉解決志向ブリーフセラピー』ほんの森出版、2002年
『指導援助に役立つ　スクールカウンセリング・ワークブック』金子書房、2002年
『タイムマシン心理療法──未来・解決志向のブリーフセラピー』日本評論社、2008年
『学校で活かす　いじめへの解決志向プログラム』（スー・ヤング著、監訳）金子書房、2012年
『サポートグループ・アプローチ　完全マニュアル』（共著）ほんの森出版、2015年
『心理療法の本質を語る──ミルトン・エリクソンにはなれないけれど』（共著）遠見書房、2015年
『やさしい思春期臨床──子と親を活かすレッスン』金剛出版、2015年
『解決志向のクラスづくり完全マニュアル』（共著）ほんの森出版、2017年

【分担執筆者一覧】（執筆順・所属は初版時）

玉木　　敦	島根県江津市立跡市小学校教諭
八幡　睦実	北海道小樽市立望洋台中学校養護教諭
疋津　信一	石川県羽咋市立邑知中学校教頭
丹治　静子	静岡県立大井川高等学校教諭
渡辺　奈津	公立小学校教諭
長野　　実	公立中学校教諭
平井　妙子	私立中学高等学校スクールカウンセラー　臨床心理士
鈴木　明美	千葉県浦安市教育委員会管理主事
淺原　雅恵	岡山県倉敷市立第一福田小学校教諭
能戸威久子	石川県教育センター指導主事
猪井　淑子	徳島県立総合教育センター指導主事
半田　一郎	茨城県スクールカウンセラー

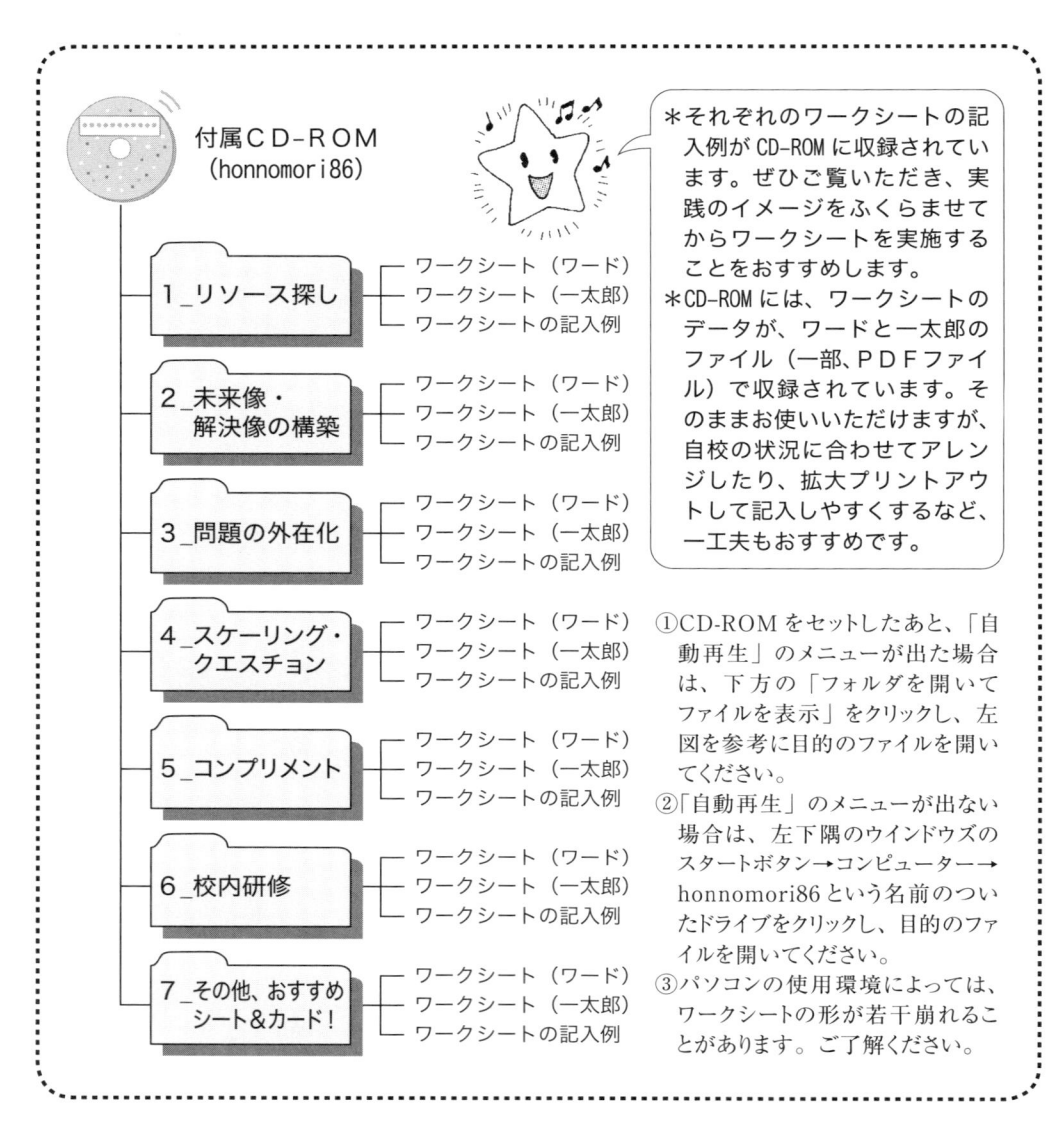

付属CD-ROM
（honnomori86）

- 1_リソース探し
  - ワークシート（ワード）
  - ワークシート（一太郎）
  - ワークシートの記入例
- 2_未来像・解決像の構築
  - ワークシート（ワード）
  - ワークシート（一太郎）
  - ワークシートの記入例
- 3_問題の外在化
  - ワークシート（ワード）
  - ワークシート（一太郎）
  - ワークシートの記入例
- 4_スケーリング・クエスチョン
  - ワークシート（ワード）
  - ワークシート（一太郎）
  - ワークシートの記入例
- 5_コンプリメント
  - ワークシート（ワード）
  - ワークシート（一太郎）
  - ワークシートの記入例
- 6_校内研修
  - ワークシート（ワード）
  - ワークシート（一太郎）
  - ワークシートの記入例
- 7_その他、おすすめシート＆カード！
  - ワークシート（ワード）
  - ワークシート（一太郎）
  - ワークシートの記入例

＊それぞれのワークシートの記入例がCD-ROMに収録されています。ぜひご覧いただき、実践のイメージをふくらませてからワークシートを実施することをおすすめします。

＊CD-ROMには、ワークシートのデータが、ワードと一太郎のファイル（一部、ＰＤＦファイル）で収録されています。そのままお使いいただけますが、自校の状況に合わせてアレンジしたり、拡大プリントアウトして記入しやすくするなど、一工夫もおすすめです。

①CD-ROMをセットしたあと、「自動再生」のメニューが出た場合は、下方の「フォルダを開いてファイルを表示」をクリックし、左図を参考に目的のファイルを開いてください。

②「自動再生」のメニューが出ない場合は、左下隅のウインドウズのスタートボタン→コンピューター→honnomori86という名前のついたドライブをクリックし、目的のファイルを開いてください。

③パソコンの使用環境によっては、ワークシートの形が若干崩れることがあります。ご了解ください。

CD-ROM付き！　ワークシートでブリーフセラピー
学校ですぐ使える解決志向＆外在化の発想と技法

2012年7月7日　第1版　発行
2019年8月10日　第4版　発行

編著者　黒沢幸子
発行者　小林敏史
発行所　ほんの森出版株式会社
〒145-0062　東京都大田区北千束3-16-11
Tel 03-5754-3346　Fax 03-5918-8146
https://www.honnomori.co.jp

印刷・製本所　研友社印刷株式会社

© Sachiko Kurosawa, 2012　Printed in Japan　ISBN978-4-938874-86-5 C3037
落丁・乱丁はお取り替えします